人物叢書
新装版

藤原惺窩

ふじわらせいか

太田青丘

日本歴史学会編集

吉川弘文館

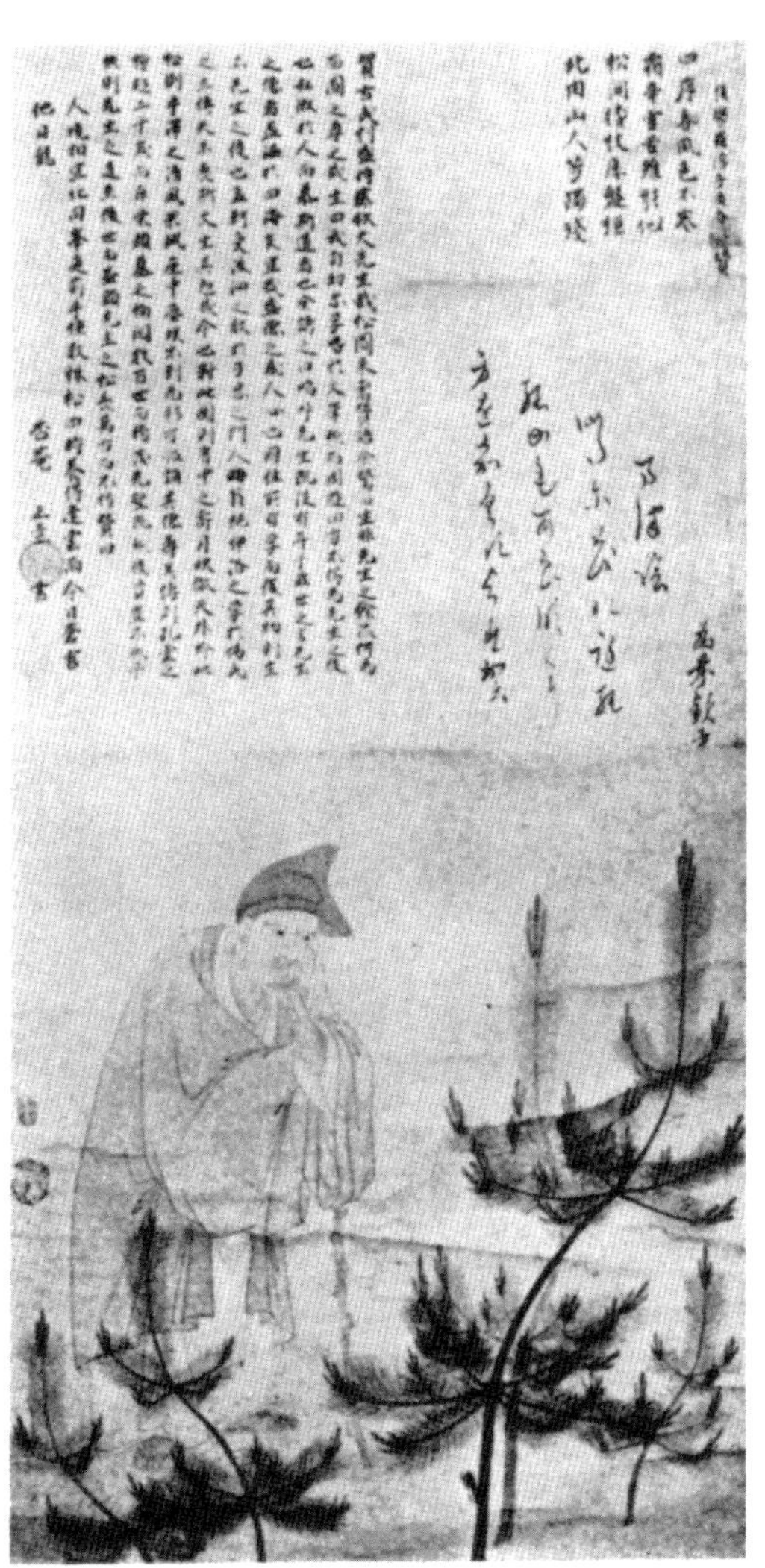

藤原惺窩肖像

藤原惺窩筆跡

はしがき

藤原惺窩はその門に江戸時代の朱子学の大宗ともいうべき林羅山と松永尺五を出だし、また彼等の子孫・門人に多くの俊秀を輩出したところから、日本朱子学の開祖とされている。

しかし彼は長らく僧籍にあり、五山文学のうちに薫育せられたし、その五山文学自身が、中国において禅学と朱子学と深い関係にあった上に、わが国で五山出身の僧が諸侯の顧問として世間と交渉をもつにつれて、儒学とますます関わるところが多かった。そうした土壌のなかから、いかにして朱子学者として立つに至ったか、そしてあらゆるものを吸収して自己の学的体系をうちたてようとした彼が、果たして朱子学者と呼ぶだけで結着できるかを考えようとしたのが本書である。ただ彼は啓蒙期のためもあって、その名声に比して必ずしも著述に富むとは言えない。そこで本書は彼の文集を中心としてその足跡を辿ることとした。

また彼は定家卿の十二世の子孫であったためか、国学・和歌にも関心と造詣が深く、この方面でも近世文芸復興の先達となっているので、その側面にも心を用いた。

引用文はなるべく原文に忠実であるように努めたが、漢文の書下し文は片仮名まじり文とし、和歌・和文は濁点や句読点をつけて理解に便にした。

著者は昭和十三・十四年の頃、惺窩の全集に近いものの編纂に没頭したが、近年はむしろ歌人として立っていて、この方面の研究を深めていない。そこで本書執筆の依頼をうけても、躊躇する気持が先立ったが、旧縁を想ってお受けした次第であることをお断りして、博雅の士の御示教を得たいと思う。

昭和六十年八月

太田青丘

目次

口絵

挿図

第一　惺窩の名号と家系

惺窩関係の伝記の主なもの

晩年、京都北郊市原の里に隠棲し、風月を友とし、あたかも陶淵明のわが国における学人的顕現の趣きがありながら、その高潔な学徳をもって、上は天皇、将軍より諸大名に至るまでを引きつけ、その済々たる門下によって、わが国近世の文運、とりわけ朱子学の開祖をもって許されている藤原惺窩の伝記に関しては、その家系には惺窩の曽孫為経編の「惺窩先生系譜略」があり、その出処足跡には林羅山編の「惺窩先生行状」があって、ほぼ委曲を尽している。このほかにも『本朝儒宗伝』(巻下)、『続武家閑談』(巻二十)、『日本古今人物史略伝』(巻五)、『学問源流』、『先哲叢談』(巻一)、『近世叢談』(巻三)、『茅窓漫録』(巻上)等、ややまとまったもの数種があるが、これらはいずれも「惺窩先生系譜略」「惺窩先生行状」の二文によったもので、とくに惺窩伝において加えるところはない。そこで以下系譜略と行状の二書を経とし、『惺窩先生文集』『惺窩文集』を緯とし、かたわら諸書を参考して、惺窩の伝記を述べることとする。

惺窩の名、字、号

藤原惺窩、名は粛、字は斂夫、惺窩はその号である。他に柴立子、北肉山人の号があり、時に東海狂波子、惺々子、妙寿などと称している。その居処を妙寿院、惺斎、是尚窩、竹房、竹処、竹所堂、都勾墩、松竹邁所、松下などと称し、それらはまた時としてそのまま惺窩の別称となったようである。

ところで、これらの名号は、惺窩の心の方向をすでに暗示しているところがあるので、少しく解説を加えておこう。

惺窩の号の由来

字の斂夫の斂は、おさめる、ひきしめる等の意味があるので、名の粛、すなわちつつしむとよく照応する。号の惺窩は、謝良佐（一〇五〇―一一〇三。上蔡先生。宋学の先輩たる程明道、程伊川に学んだ程門の四先生の一人）の「敬とは、是れ常に惺々たるの法」というものから採ったもの。惺々は「目ざめている」「心が明らかである」の意味で、宋学・朱子学の心の修養法としての「敬」の意味を説明した表現であり、名の粛、字の斂夫ともよく通じあっている。

柴立子

柴立子の柴立は、『荘子』の達生篇に仲尼（孔子）の言葉として引く、「入りて蔵るること無かれ。出でて陽はるること無かれ。其の中央に柴立せよ」というものに因る。入るにも出ずるにも無心にして枯木のごとく動静の中に立つの意。孔子の言として引くものは、自説を強調する我田引水的論法かと見られるが、ともかく物事にとらわれぬ荘子の態度を表わしているので、それに共感しているところに、惺窩の心の姿勢がうかがえる。なお惺窩がまだ儒者として立たなかった天正十八年（一五九〇）に来朝した朝鮮国使の一人許箴之（しんし）が惺窩のために作って贈った「柴立子説、贈二蕣上人一」なる文が『惺窩文集』巻四に載せられている。

北肉山人

北肉山人は、羅山の「行状」に林子（明の三教融合論者林兆恩）の艮背心法（『林子全書』の「心聖直指」）に採ったことが記されているが、遡（さかのぼ）れば易経の艮（こん）の卦に「其の背に艮（とど）まり、其の身を獲ず、其の庭に行いて其の人を見ず、咎（とがな）无し」とある、止まるを知って物欲にとらわれぬ心持を托したもので、背の字を北と肉（背の下の月は肉）の二つに分けて名づけたものであろう。

昨木山人

昨木山人は『惺窩先生文集』巻十一の「与二林道春一」（慶長十年正月二十日）に「昨木は少日の別号にして、今日の意に非ず」とあるところから見れば、しばらく、わずかな日数ということで、人生を惜しみ、いとおしむ心を表わしているのであろうか。

書斎名

東海狂波子は、やや自嘲の心を托したもの。妙寿院は、主として僧籍にあった時のもの。惺斎、是尚窩は、書斎に名づけたもので、朝鮮の役の捕虜姜沆（きょうこう）が慶長四年に惺窩のために書いて与えた「惺斎記」、「是尚窩記」があって、『惺窩先生文集』の巻首に載せられている。

竹房以下松下までは、彼の住居に好んで植えたところに従って名づけたもので、惺窩の書状（『大日本史料』第十二編之三十一、五八一頁以下に収録）にしばしば見えるのであるが、松や竹を好んだところに、惺窩の心の動向が暗示されている。

総じて以上の名、字、号などからして、すでに惺窩の心の姿勢と人柄のおおよそが窺えるものであることに留意してよい。

出生の年

彼の出生年と土地は、永禄四年（一五六一）、播磨国三木郡細河村であった。

永禄四年は川中島の合戦のあった年で、この前年には今川義元が桶狭間（おけはざま）の合戦で織田信長のために敗死し、また四年後の永禄八年には松永久秀が将軍足利義輝を殺害するという、文字通りの戦国時代の真ただ中にあった。

出生地細河荘

細河の荘は兵庫県三木市の東北約六キロの地点にあり、現在三木市に所属する細川町の地で、加古川の支流美嚢（みの）川の本流吉川（よかわ）川が、それよりさらに南の小川川と合流する豊地附近の谷間の小盆地に発達したところ。豊地とその北方一キロ半の高篠の丘陵地の間に、

藤原惺窩誕生地地図（兵庫県三木市）

冷泉家の家系

定家十二世の孫説

惺窩誕生地記念碑　　惺窩誕生地内裏屋敷跡を望む

現在「内裏屋敷」と呼ばれる中世末期に設けられた領主の館趾がある。惺窩はそこで生まれたのである。ここには現在、細川村教育会が大正十二年（一九二三）に建立した「史蹟藤原惺窩誕生地」の碑が建っている。

惺窩の父は下冷泉家に属し、為純という。冷泉家（為相の曽孫の代に至って上冷泉と下冷泉に分れる）は、中世歌学の泰斗藤原定家の孫為相を開祖とする著名な歌の家柄である。為経編にかかる「惺窩先生系譜略」（『惺窩先生文集』巻首所載）を参考して、その系図を示せば次頁の如くである。

ここに少し問題となるのは、惺窩が定家十二世の孫であるとの説（『惺窩文集』巻二「生白室」の末尾に「京極戸部尚書十二世後人北肉山人」と見え、堀杏庵の「惺窩文集序」にもそのように述べている）である。今系図を按ずれば、冷泉家より言えば惺窩は定家の十一世の孫でなければならない。しかし冷

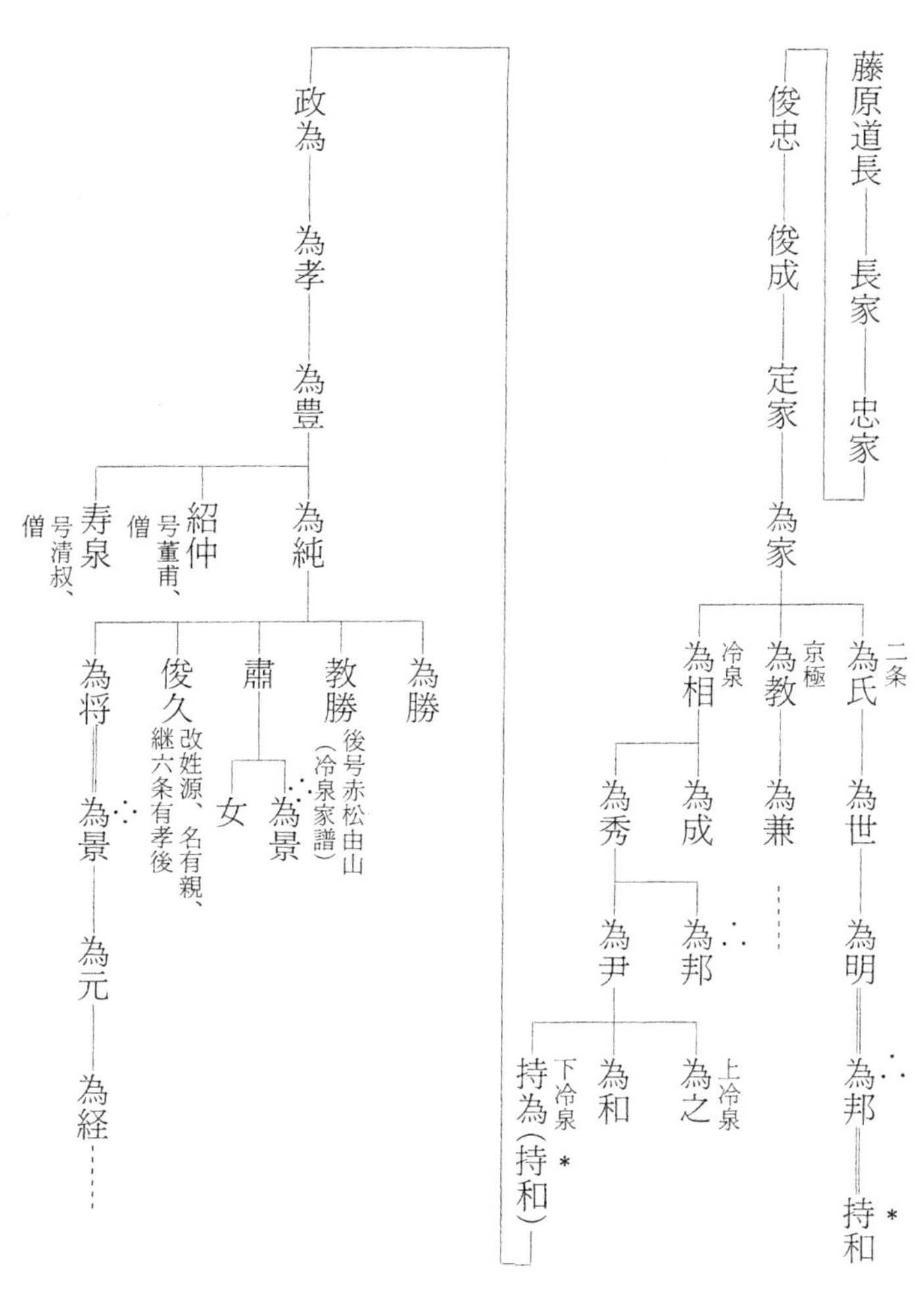
藤原道長
長家
忠家
俊忠
俊成
定家
為家
二条
為氏
京極
為教
冷泉
為相
為世
為兼
為成
為秀
為明
為邦
為尹
上冷泉
為之
為和
下冷泉
持為（持和）＊
為邦
持和＊
政為
為孝
為豊
為純
紹仲
号董甫、
僧
寿泉
号清叔、
僧
為勝
教勝
後号赤松由山
（冷泉家譜）
粛
為景
女
俊久
改姓源、名有親、
継六条有孝後
為将
為景
為元
為経

泉家は為邦・持和（持為）の二代にわたって養子に入って二条家を継いだことがあり、持和は「惺窩先生系譜略」の伝えるところに拠れば、采邑給せざるの故をもって、のち冷泉家に復帰し、播州細河の地を領して冷泉（下冷泉）を称するに至ったが、なお「二条之家規」を併せ用い、一面二条家の祭祀を継いだようであり、二条家から見れば惺窩は定家の十二世の孫に当るのである。

このように惺窩が定家の子孫の冷泉家の出であったということは、彼の後の学風に大きな関係をもつ。

第二　生いたちと少青年期の勉学

一　少年期の禅学修業とその師承

播磨細河の荘は、こうして冷泉（下冷泉）家代々の釆色であったので、惺窩の祖先も累代ここに居住し、歳時に宮中に参内した。

竜野景雲寺で仏門に入る

粛は両親の膝下で、七歳ごろまではこの地にあったが、七、八歳のころ仏門に入り、当時、赤松政則（室町期の武将、播磨・備前・美作国守護）の後裔赤松政秀（一五三八—一五七一。のちに惺窩と深い交わりを結んだ広通の父）が治めて好学の気風の高かった播州竜野の景雲寺（竜野市揖西町景雲寺在。現在廃寺。一山派）の禅僧東明宗杲（とうめいそうこう）和尚に就いて仏教を学んだ。

師東明宗杲

惺窩遺跡記念碑（兵庫県竜野市景雲寺）

もう一人の師文鳳宗韶

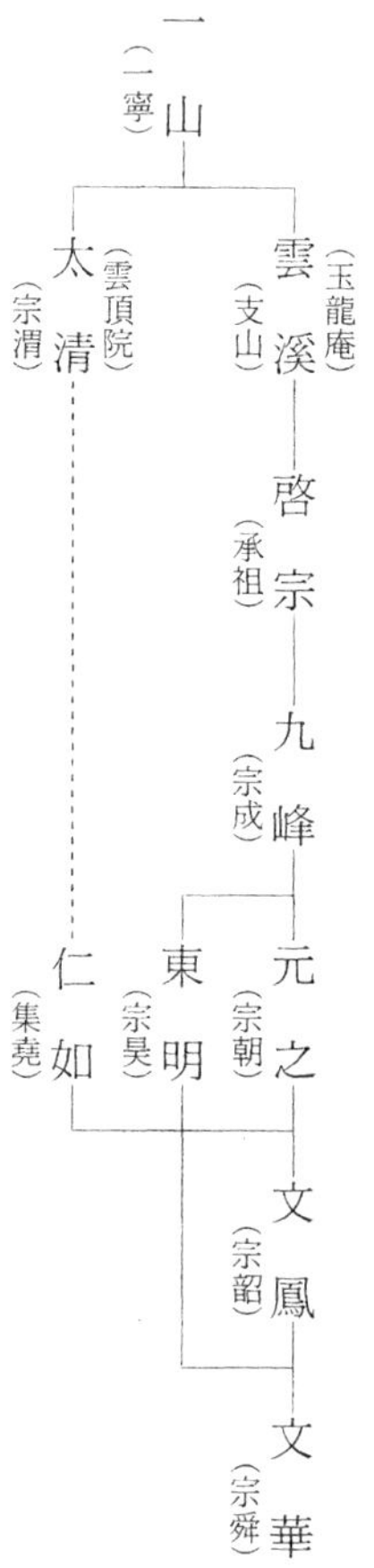

東明宗昊の師は漢学の家、大江氏の出で九峯宗成と称し、曾て相国寺玉竜庵（一山派）の住持であった（「相国寺塔頭末派略記幷歴代」参照）。なお「相国寺塔頭末派略記幷歴代」一山派玉竜庵の項（『大日本史料』第十二編之三十二）によれば、粛は九峯宗成の孫弟子文鳳宗韶に師事したことが知られる。参考までに一山派の系統を図示すれば次の如くである。

- 一山（一寧）
  - （玉龍庵）雲溪（支山）―啓宗（承祖）―九峰（宗成）
    - 元之（宗朝）―文鳳（宗韶）―文華（宗舜）
    - 東明（宗昊）―文華（宗舜）
  - （雲頂院）太清（宗渭）……仁如（集堯）―文鳳（宗韶）

五山京学派と儒学

ついでに一言すれば、一山派の開祖一山一寧は鎌倉末期における元からの帰化僧であって、その門下に虎関師錬、中巌円月、夢窓疎石、雪村友梅等の五山文学を代表する俊秀を輩出し、その法孫に中巌以下多くの儒学に通じ禅儒ともいうべき人物を生み、これらが惺窩、羅山らを生む京学派を形成した。

ところで相国寺玉竜庵は嘉慶年間（一三八七―八九）将軍足利義満の創建にかかわり、開基は雲溪であるから、粛が七、八歳で東明和尚に従学した永禄十年ないし十一年（一五六七―六八）ころまでには凡そ百八十年を経過しており、元之もしくは東明まで僅かに法系四世を閲するのみであることは、一応年代的に疑問を抱かしめるが、寺院の嗣法に時にいわゆる拝塔嗣法なるものの介在することは先例がないわけではないので、東明が雲渓四世の法孫であることも必ずしも不可能ではない。

文鳳

なお文鳳に関しては、惺窩の「文鳳禅師忌日」（『惺窩先生文集』巻二）なる詩により、粛が天正十二年（一五八四）五月十二日にその十三回忌を営んでいることが知られるので、文鳳の死は元亀三年（一五七二）五月十二日と推定される。元亀三年は後に述べるように、粛がまだ竜野に在った時代であるから、彼が就いて学んだのも竜野においてであろうと思われる。文鳳が相国寺玉竜庵に帰住したのがその晩年とするならば、粛が竜野で直接師事したのは極めて短期間（多くとも五年を越えぬ）でなければならない。なお仁如集堯の『鏤氷集』地巻（東京大学史料編纂所蔵写本）によれば、文鳳が幼少のとき竜野景雲寺にあったこと、癸丑（天文二十二年）六月より甲寅（天文二十三年）五月にかけて上洛して仁如に師事したことが知られる。結局、粛は七、八歳で一山派たる竜野景雲寺の東明和尚について初めて禅を学んだのであるが、東明が他処に去ったか、もしくは死んだかして、次いで同寺の文鳳に師事し、法縁を結ぶに至ったのであろう。

このうち、仁如と文鳳とは、朱子学にも造詣が深かったので、少しくこれについて述べておこう。

文鳳の師仁如と程朱学

仁如（名は集堯、睡足、雲間の号あり、一五〇〇寂、七十九歳）は播磨出身の、儒学にも理解のあった天隠竜澤に師事し、播磨の法雲寺、宝林寺に住し、天文十三年（一五四四）相国寺を董（法務を監督する）し、ついで南禅寺に移り、文正二年（一五七四）九十二歳で寂した禅僧であるが、月舟寿桂（げっしゅうじゅけい）（一四六〇―一五三三）歿後、五山における程朱学精通の第一人者で、その著『鏤氷集』は全篇、儒語で満たされるほどで、とくに『中庸』の中、孔子一貫の道を説くところは、程朱の言に依るものが多い。彼は『鏤氷集』巻下の「三教図」の詩において、

儒釈、道皆（みな）形ヲ異ニスト雖（いへど）モ、
従来、氷水、又（また）藍青。
三身即チ一タビ三教ヲ成シ、
天上、光ヲ分ツ日月星。

といって、三教一致の見解を示し、また「孔子、案ニ対シテ書ヲ見ルノ図」において、

仲尼（ちゅうじ）、世ヲ憂ヒテ書生ト爲（な）リ、
詩礼春秋、筆削成ル。

学者、之ヲ仰イデ日月ノ如ク、
今ニ至ルマデ天下、其ノ明ヲ帯ブ。

と孔子に深い敬意を表している。惺窩が実に彼の孫弟子に当ることを思えば、惺窩の学風の拠って来たるところの深いことを思わないわけにはゆかない。なおここで、惺窩が後に明の三教一致論者林兆恩（一五一七―九八。三教先生と称された）の艮背心法に示唆を得て北肉山人と号したことを想起してよい。

次に惺窩が少年時に直接就学した文鳳（名宗韶）は、播州景雲寺の僧で、短期間ながら京都に出て仁如に就いて内外の学を修め、のち相国寺・玉竜庵に住した人。仁如がその才能と学問に期待していたことは、

歳、春秋ニ富ミ学力勤ム。
吾ガ門ノ梁棟、只君ニ期ス。
法雷、天下ヲ震ハスヲ待ツ有リ。
興起ス玉竜雲頂ノ雲。

と詠じ、惺窩が文鳳の十三回忌に五首を賦し、その中で、

忌辰、今日、相迎フルニ預ル。

泣イテ春風ニ向ツテ阿兄ヲ思フ。
深重ノ慈恩、知ルコト幾許。
滄江却ツテ浅ク岱山（泰山）軽シ。

とよんでいることでも知られよう。文鳳の学問、とりわけ朱子学への理解の程度を知る資料は残っていないが、仁如の学問の傾向を多く逸脱するものではなかったろう。

なおここで、やや迂遠のようではあるが、結局は惺窩をも生んだわが国朱子学醸成の土壌としての五山文学を、宋学・朱子学との関連に限って、少しく遡って見ておこう。

二　五山文学と朱子学との関係

周濂渓、邵康節、張横渠、程明道、程伊川ら宋代の性理学を集大成し、わが江戸時代の学問教育に絶大な影響を及ぼした朱子（名は熹、一一三〇―一二〇〇）が活躍したのは、崇徳天皇の大治五年から土御門天皇の正治二年まで、即ち平安末期から頼朝が征夷大将軍に任ぜられた八年後の鎌倉初期に相当する。

朱子学のわが国への伝来

そこで儒教のうち宋学または朱子学と呼ばれるものが、初めてわが国に伝来したのは何時かという問題であるが、文献に徴する限り、朱子が卒した年に当る正治二年三月四日の大江宗光（鎌倉幕政の主柱大江広元の第三子）の奥書のある『中庸章句』二巻が岩崎文庫に現存するのをもってその最初の証拠とすべきであろう。これによって見ても、寛平六年（八九四）に遣唐使が廃止され、朝廷間における正式の日中の交流が絶えたとはいえ、僧侶の入宋や、商人の往来によって、日中の関係は意外に密接であったことが想像される。

入宋帰化の禅僧

その後、建久十年（正治元年、一一九九）入宋し十二年間かの地にあって、有名な儒僧ともいうべき北澗と相往来した俊芿をはじめとして、円爾弁円、白雲慧暁、高峯顕日、無象静照らのわが禅僧が入宋したばかりでなく、彼の地の蘭渓道隆、兀庵普寧、大休宗休、無学祖元、鏡堂覚円、一山一寧らの勝れた禅僧がわが国に来朝して帰化した。彼らが宋学もしくは朱子学をわが国に伝達するに貢献したろうことは、中国の禅僧の教養と性格からしても、むしろ当然のことと思われる。

朱子学と禅学の関係

というのは、宋学もしくは朱子学そのものが、元来、儒教の理論的深化を遂げて新儒学とよばれるために、とりわけ心性、心の本体の問題、居敬、静坐的修養法等において、仏教、とくに当時中国において隆盛を誇っていた禅宗から、多くの刺激と示唆を得て成立したものであるばかりでなく、朱子学成立後は、禅僧もまた自教を一層中国に根づかせ、さらに対世間的教化を弘めるためには朱子学に仮るところがあったので、両者は極めて深い関係にあった。

そればかりではない。そもそも禅宗なるものが、根源はインドの仏教にあったにせよ、中国で消化され漢訳されて成立した、いわば中国仏教というべきものであったので、その経典化の過程で、当然中国の文献思想とも交渉したことが予想される。従って詩藻豊かな詩偈をも成す禅僧と、詩趣に富む宋学者・朱子学者との間には、かなり深い交流もあったと見られる。そこでわが国の入宋の禅僧は、師事した人が儒僧といわれるような人の場合はもとより、そうでない場合でも、禅学を修めると同時に外典として朱子学を学び、それらの書籍を将来するのが普通であった。

こうした傾向は、わが国において南北朝期、室町期と時代が進むに従って、一層強化されて行った。

南北朝の玄恵と朱子学

その最も顕著な事例は、後醍醐天皇が僧玄恵（げんえ）（初め儒家で、後に僧となり天台宗に入った）をして朝廷で朱子学の基盤である『四書集註』を進講せしめたことである。そもそも朱子学には心性、性理の学の外、大義名分を重んじ節義に赴く凜烈の風が強かったので、鎌倉幕府から政権を回復し、建武中興を実現しようとした天皇は、これを採用されたのであろう。事実これが一つの契機となって、建武の中興は成立し、忠烈の精神を振起するところがあり、儒学界一般を見渡しても、従来の漢唐訓詁学によって導かれた旧儒教を革新し、公卿、博士においても古註を主とし朱子学の新註を兼修して、新（朱子学）・古（漢唐訓詁学）折衷の新気運が醸成された。その明証は、東山御文庫蔵の『論語抄』等によって知られる。

公卿・神道家に及んだ朱子学

なお禅門及び一部の公卿に、『太極図説』『通書』（共に周濂溪著）、『程子遺言』『朱子語類』『東銘』『西銘』（共に張横渠著）等を愛読するものもあり、その余波は神道家にも及び、度会（わたらい）家行（一二五六―一三六二、北畠親房と親交あり、伊勢神道の大成者）は、『類聚神祇本源』で周濂溪の『太極図説』を引用して天地開闢説を証明しようとし、忌部（いんべ）正道は『神代口訣』において神道を説くに理をもって一貫している。こうした傾向は日本人の融通性と大らかさと相まって、南北朝期から室町期にかけて、世は次第に儒仏一致や三教（神儒仏）一致の方向に進んでいった。

室町期学界の風潮

室町期は南北朝の風潮を一層おし進めたので、前代は仏教が第一位で儒教が第二位であったのが、この期は二教を全く併立の地位に置くに至り、禅僧で新註の経典を好み、この講義を公開するものも出るありさまであった。さらに、京都と地方を捲き込んだ時代の騒乱は、僧侶を寺院にのみ留めしめず、地方の諸侯もまた乱世を正すものとして治道を僧侶に要求したので、僧服の儒者を出すに至った。従って室町期の政情不安は、儒教を広く地方に拡散するには、思わぬ効果をもたらした。こうした禅僧の努力と諸侯の崇学に加えて、かの文禄の役には多くの朱子学関係の木活字本が朝鮮より将来されて、江戸時代の朱子学隆盛の開幕を待つばかりの状勢であった。なかについて朱子学興隆の目ぼしい事例を少しくあげておこう。

室町期の五山とその周辺

岐陽

室町期の源頭に立つ京学―五山派の岐陽方秀（きようほうしゅう）（一三六一―一四二四）は朱子学と仏教とを一致して不二の門を立て（不二道人と号する）、朱子の『四書集註』詩・書二法の講義を公開し、訓点法を改正し、『四書集註』に加点したが、この加点本は残念ながら伝わっていない。彼の門流は京学派を形成し、その脚下に惺窩、羅山を生み、後世儒学の隆盛をさしまねいたばかりでなく、公卿、薩南（岐陽の法孫桂庵玄樹を祖とする）、南学（土佐の南村梅軒を祖とする）を興起し、博士派を刺戟して折衷の門を確立せしめ、さらにはその門流を地方に分散せしめて地方の諸侯の教化に貢献した。

一条兼良

なお公卿の領袖一条兼良（かねら）（一四〇二―一四八一）も岐陽の弟子であって、兼良は『四書集註』を和解して『四書童子訓』を成したということであるが、『大学』のほかは現存が知られていない。

雲章その他

清原宣賢

岐陽の門人雲章一慶（一三八六—一四六三）は『日本名僧法』に、「始めて周易程朱伝義を読む」といわれるところを見れば、程朱の説に強い関心をもち、「理気性情図」なる本邦朱子学関係の最初の著述を成し（現存していない）、惟肖得巌は朱子の格物致知を唱え、惟肖の弟子の村庵霊彦は朱子の為学法を襲い、禅徒の不立文学を宝とするのを斥け、『大学』を尊び儒教の立脚地となし、日新を念とすべきを説いた。博士家にしても、最も有力であった清原家は、宣賢（一四七五—一五五〇。卜部兼倶の子であったが、清原宗賢の養子となる）のごときは、五山派を弟子にもつほど当時に重きをなす碩儒であったが、折衷学をうち建て、『大学』『中庸』を心性の書として尊重し、中庸章句を校合加点し、しばしば中庸章句を講じており、朝廷の講経でこそ古註を主としたが、決して古註一辺倒でなかったので、彼の子孫で惺窩、羅山と時を同じくして、羅山が新註を公開の席で講じたのを朝廷ならびに幕府（家康）に訴えたといわれる船橋秀賢の如きも（林鵞峯の「羅山先生年譜」）、好学の士で新註を廃せず、彼より取るべきものは採る室町期の清原家の伝統より逸脱する人物でなかったかと見られることは、惺窩の学術の項で改めて触れることにする。

　ともあれ、五山派、博士家、その他、時代はすでに明らかな胎動を示しつつあったのが、惺窩登場前の室町期の状況であった。

三　父兄の戦死と上洛

粛は幼より聡明非凡で神童の誉高かったが、七、八歳で竜野景雲寺に入り剃髪して宗舜（略して単に舜ともいう。一に舜となすものもある）と名づけられた。

粛十四歳の詩

彼の俊秀ぶりを証する一つの例として、十四歳の時の詩をあげてみよう。

逆旅、正（正月）ヲ迎ヘテ友ヲ懐フ時、
君微カリセバ誰カ慰メン野生涯。
夜闌ニシテ相話ス紗窓ノ月、
半バ是レ梅ヲ評シ半バ是レ詩。（『惺窩先生文集』巻一、新正与㆓故人㆒話）

結句の清新老巧さは、十代の少年の作などとは到底考えられないではないか。

元亀三年（一五七二、粛十二歳〈数え年、以下同〉）五月、師文鳳の死に遭った（天正十二年の文鳳十三回忌には、追慕の五首の詩を捧げて、深くこれを悼んだことは既に触れた）。

父兄の戦死

天正六年（一五七八）粛十八歳のとき、三木城主の別所長治（赤松氏の旁族）の来襲をうけ、父為純（参議侍従であった）は長兄為勝（左近衛権少将であった）とともに防戦これ努めたが、利あらず、四月一日遂に戦死し、歴代の蔵書も灰燼に帰した。舜はこれを当時、織田信長の命をうけて備前備中を攻撃するため出陣中の羽柴秀吉に訟え、死者のために仇を報じようとしたが、秀吉はなだめるのに、しばらく時運を待ての言も以てして、ついに果さず、やむなく残編遺書をあつめ、母を奉じて兄弟とともに当時京都相国寺普広院の住職であった叔父清叔寿泉を頼って上洛し、弟為将をして家督を継がしめ、自分は相国寺に入り、専心禅学の研鑽に従事した。

粛の上洛

相国寺での勉学

粛が相国寺（臨済宗、京都五山の第二、足利義満の草創、夢窗国師開山）に入ってからは、誰に教を受けたか判然としないが、『兼見卿記』天正十一年閏正月二十九日の条には、吉田兼見が南豊軒に贈った文書が見えており、これによって粛が南豊軒の弟子であったことが知られる。南豊軒（相国寺の塔頭の一、今は廃寺）に関して高柳光寿氏は、諱は周超というものと周清（兼見の叔父）なるものとあり、いずれであるか判然せずと説いている（「藤原惺窩伝補遺」『国史学』三号）が、南豊軒は周超たると周清たるとを問わず、相国寺夢窗派に属するので、すでに竜野において一山派の文鳳に嗣法した粛にとって、南豊軒は受業の師と見なければならない。なお高柳氏は前記論文で『兼見卿記』によって粛が二十三歳の時、兼見の猶子となった事実を伝えている（前記論文）ので、惺窩がなぜ兼見の猶子となったかは別としても、これより後、時代の大勢が神仏分離、神儒一致の思想の隆盛に向って動いたこと、また惺窩その人がその源頭に立ったと思われることなどを考え併せるとき、興味ある事実といわなければならない。また『京都府寺志稿』巻四十二陵墓「相国寺上」に拠れば、「初メ粛、僧トナリ、本寺ノ泉長老ニ従学シ、林光院ニ居ル」と見えているが、他書にこの記載なく、恐らくは臆説であろう。当時寿泉は五山にその博学強記を以て鳴ったが、蕣に遭えば口を開きがたく(「惺窩先生行状」)、ために蕣の名声は大いに五山の間にあがった。蕣の居所を妙寿院といったところから、時に妙寿院の称を以て行われた。

第三　青壮年期における儒学への傾斜と自立

一　儒学への傾斜と叔父寿泉との仲たがい

赤松広通と相識る

これより後、播磨に行き、竜野の城主赤松広通に会い、これと親交を結んだ。広通は赤松政則の曽孫、父は政秀、のち広秀といった。『続武家閑談』に赤松上総介則房としているのは誤り。天正中より秀吉に従って功あり、佐兵衛佐となる。初め播磨国揖西郡佐江村に居たので、終に氏となし斎村と称した。豊臣方であったので、関ケ原の役後、亀井茲矩の讒言により、慶長五年十一月因州鳥取で家康より自決を命じられた。「赤松諸家大系図」には享年三十六としているが、惺窩の「悼赤松氏三十首」（『惺窩先生倭謌集』巻五）に「今まどはずとばかりのほどに一とせたらざりしあへなさも云々」とあるので、三十九歳であることが知られる。なお赤松広通の事蹟については、阿部吉雄氏の『日本朱子学と朝鮮』の「藤原惺窩と儒学」第六節「赤松広通の遺事・遺蹟」に詳しい。舜の叔父寿泉より赤松広通に与えて舜との交誼を謝する書（徳川義親氏所蔵、『大日本史料』第十二編之三十一）は越後の旅先より送られたものであり、寿泉の越路の旅は『睡餘小録』（『日本随筆大成』第一期第三巻所収）所載の「惺窩先生義絶置文」によれば天正十六年、蕣二十八歳のことであった。

蕣はやがて帰洛し、以後も広通に従い、しばしば京都・伏見の間に遊んだもののごとくである。

叔父寿泉との仲たがい

この頃より蕣は仏書を読みつつも、志はようやく儒学に傾くものがあったと思われる。前出「惺窩先生義絶置文」（文禄三年＝一五九四、惺窩三十四歳、六月二十六の日付）に見える叔父寿泉との仲たがいの原因が何であるかは不明であるが、『睡餘小録』の著者藤原吉迪も指摘しているように、あるいは蕣の儒学への傾向などがその重要な一因をなしているのではあるまいか。しかしこれはあくまで一つの傾向であって、いまだに仏を捨てる程度に至っていないことは、天正十八年、惺窩三十歳の秋に来朝の朝鮮国使の許箴之（きょしんし）（山前）の「柴立子説、贈二蕣上人一」と題する文によっても明瞭であろう。この文は外交辞令の間にも、

> 子ハ釈氏ノ流ニシテ、我ハ聖人ノ徒。方（まさ）ニ之ヲ距ツルノ暇アラザルニ当ル。而モ反ツテ道同ジカラザル者ノ為ニ謀ル。無乃（むしろ）聖人ノ戒ヲ犯シテ自ラ異端ノ帰（むね）ヲ踏ムカ。然レドモ人ニ贈ルニ言ヲ以テスルハ仁者ノ事、而ラバ吾ノ言、固（もと）ヨリ子ノ道ヲ発明

スル能ハザルモ、僅カニ他日ノ面目ノ資(たすけ)ト為スニ足ラン。（『惺窩文集』巻四、原漢文）

という句によっても知られるように、山前が儒教の立場から釈家たる蕣の蒙を啓(ひら)こうとしたものである。

二　朝鮮国使との交わり

この天正十八年の朝鮮国使の中には、許箴之の外にも、朝鮮の朱子と称された李退溪の門人金誠一（鶴峯）のような人物も居たので、これら朝鮮国使の宿舎であった大徳寺にしばしば赴き、これと筆談酬和、詩篇の贈呈をした粛の学問の上に、何らかの刺戟もしくは影響を与えたであろうことは推測にかたくない。当時儒学が国教の地位にあった朝鮮の学者文人を訪問するということ自体が、すでに粛その人の儒学への傾向を物語るものであり、そのうえ朝鮮の儒学が専ら朱子学であったことと惺窩後年の学的活動を思い併せるとき、この推測は単なる臆測に終らぬであろう。

ここで天正十八年秋、来朝の朝鮮国使のメンバーと、これらと惺窩との交渉に触れておこう。

惺窩の曽孫藤原為経編の『惺窩先生文集』巻一の朝鮮国使との応酬の部のあとに、

為経按ズルニ天正庚寅、朝鮮国使黄允吉、金誠一、許箴之来貢ス。先生鴻臚館ニ就イテ之ヲ見テ、筆語酬答ス。而モ鶴峯・五山・山前・大鵬ハ、未ダ誰某ノ号為ルヲ審カニセズ。他日ノ参考ヲ竢ツ。（原漢文）

という註訳があるが、これについては阿部吉雄氏の『日本朱子学と朝鮮』（四三-五三頁）に詳しい解説があるので、ここにその主要と思われるものを簡単に記しておく。

朝鮮国使のメンバー

正使の黄允吉は字は吉哉、友松堂と号し、官は兵曹参判に至った人。『惺窩先生文集』巻六所載の「贈松堂」（七言律詩）はこの人に贈ったもの。

副使の金誠一は字は士純、鶴峯と号し、朝鮮の朱子と称された李退渓（一五〇一-七〇、名は滉、退渓、陶翁、退隠等と号した）門下三傑の一人に数えられた人。壬辰倭乱（文禄の役）に際して、黄允吉が秀吉は必ず進攻するだろうと報告したのに、金誠一はそのことなしとして罪を得た。一五九三年、五十六歳で歿。退渓書院に配祀されている。惺窩の「贈鶴峯」（七絶）一首が『惺窩先生文集』巻一にあり、金鶴峯の詩は林道春（羅山）編の『惺窩文集』巻四に「有二上人宗蕣一、自二相国寺一袖レ詩来訪、次二其韻一謝レ之」（七律）と「相国寺蕣上人、袖二一扇一詩一来訪、仍次二其韻一以送レ之」（七絶）一首が載っている。

書状官の許箴之は字は功彦、岳麓また山前、荷蕢翁とも号した。李退渓門下三傑の一人、柳希春の高足であった。惺窩とはかなり親密な詩の応酬数篇があるが、とくに注目されるのは、『惺窩文集』巻四に載っている「柴立子説、贈㆓蕣上人㆒」なる一文である。これは惺窩が『荘子』達生篇の辞に基づいて柴立（さいりゅう）と号し、山前にこれが説を成すことを依頼したのに対し、儒と仏と立場が異るからと謙遜しながら、孔・孟によって根本を確立すべきことを述べたかなり長文のものである。

許筬之の「柴立子説、贈蕣上人」

この文によって、惺窩が直ちに発明するところがあったとは到底思われないが、金誠一（鶴峯）や許筬之（山前）の如き朝鮮の朱子学者に心を寄せて、しきりにこれらと往来し詩文の応酬をしたこと自体、彼の儒学への傾斜を想像できるので、ある種のゆるやかな影響があったろうことは認めてよかろう。

惺窩の朱子学傾斜にさらに大きなはずみを与えたと思われるものは、慶長三年（一五九八、惺窩三十八歳）秋から同五年春まで、朝鮮役の捕虜として日本に来ていた姜沆（きょうこう）との関係であるが、その前にもう少し年代に即して、彼の伝記を追ってみよう。

豊臣秀次を疎んず

惺窩が朝鮮国使と出会って、筆談酬和した翌年の天正十九年には、博陸侯と称された高貴の豊臣秀次（秀吉の甥、この年十二月、関白となる）が五山の詩僧を集めて詩を闘わしめた時、惺窩は召されて一度だけ出席したが、秀次の人となりを厭って二度と赴かず、ある人がこれをなじったのに対して、物は類を以て聚まるものであるが、そうでなければ一つの脚に木履をつけて、一つの脚には草鞋をつけるようなもので、類が合わない旨を述べてこれを拒絶し秀次の感情を害した、と羅山の「惺窩先生行状」に見えているところに見ても、彼が当時、すでに五山の間に評判の高かった人物であったこと、権勢の前に信念を枉げぬ硬骨漢であったことが知られる。

この頃より彼は一段と儒学に心を潜めて行ったと見られる。この年の九月二十四日には、秀吉は朝鮮出兵の令を下している。

名護屋城跡（佐賀県東松浦郡鎮西町）

名護屋に赴く

翌々年の文禄二年（一五九三、惺窩三十三歳）夏（陰暦の四月、今の五月）には、惺窩は秀次を避ける意味もあったか、豊臣秀俊（秀吉の養子）に従って朝鮮出兵の後方根拠地たる肥前の名護屋に赴いている。秀俊は乱暴なところもあったが、惺窩の諫めをよく聞き、これを敬重するところがあった。

名護屋では徳川家康にも謁する機会があり、これがこの年の十二月、惺窩が家康に招かれて江戸に赴き、家康に平安期以来、政治家必読の書として重んじられていた『貞観政要』を講ずる機縁ともなるのであった。

三　明国講和使との応酬

名護屋で明国講和使と応酬す

しかし惺窩の儒学・朱子学形成上、留意すべき出来事として、名護屋では、来朝中の明国信使と遭っているので、このことに触れておこう。

明国信使と会見の時期

旧冷泉子爵家所蔵の惺窩自筆の明国講和使に対する質疑草稿（国民精神文化研究所刊、『藤原惺窩集』巻下所収）に、

　這回、本朝、大明ト盟会ニ及バズ、二使卒然トシテ本朝ノ軍営ニ来亨ス、恰モ虎狼ノ尾ヲ履ミ、蛟鰐ノ口ニ投ズル如シ。武勇カ、譎奇カ、抑〻又、降ヲ受ケ憐ミヲ乞フカ。（原漢文）

とあることによって、本稿が朝鮮の役の講和使を対象としていることが知られる。

　秀吉の朝鮮出兵の令を下したのは、すでにふれたように天正十九年（明の万暦十九年、一五九一）五月のことであり、再度の出兵は慶長二年（明の万暦二十五年）であって、その講和使節の来

朝は、先には文禄二年（明の万暦二十一年、一五九三）五月（十五日、名護屋に至り、六月二十八日、秀吉は和議七ヶ条を明使に示す）に明使謝用梓・徐一貫の両名であり、後には慶長元年（一五九六）六月（六月二十七日に伏見に至り、九月一日、秀吉はこれを伏見城で引見している）に明使楊方亨・沈惟敬の正副両使、八月（十八日堺に着く）朝鮮使黄慎・朴弘長の正副両使であった。

ところが、慶長元年六月二十八日には、惺窩は明に渡ろうとして、京都を発し鹿児島に向っているのである（後述の「南航日記残簡」の項参照）。二十八日、京都より長途多難の旅に上ろうとする一野人が、その前に伏見に到着したばかりの公の外国使節に対して、本草稿に見るような胸襟を開いての質疑応答がなされようとは到底考えられない。従って残る可能性の場合は、文禄二年の明使来朝以外にないことになる。しかし文禄二年の夏には、惺窩は豊臣秀俊に随って肥前の名護屋に遊び（「惺窩先生行状」及び「次二韻梅庵由己一并序」『惺窩先生文集』巻三）、仲夏（陰暦の五月、今の六月）には明国使節に会っている（同文集巻三の「邂二逅大明国使一」に「癸巳の仲夏、大明国信使奉二国命一来」とあるもの参照）ことは、本質疑草稿の各項（全部で五項）が必ず明国のことに触れ、明国を称するに大明の語を以てしていることと、併せ考えるべきである。従って本稿作成年時は、惺窩が名護屋で明の両使謝用梓・徐一貫に会った文禄二年五月下旬から六月にかけてのことと推定される。

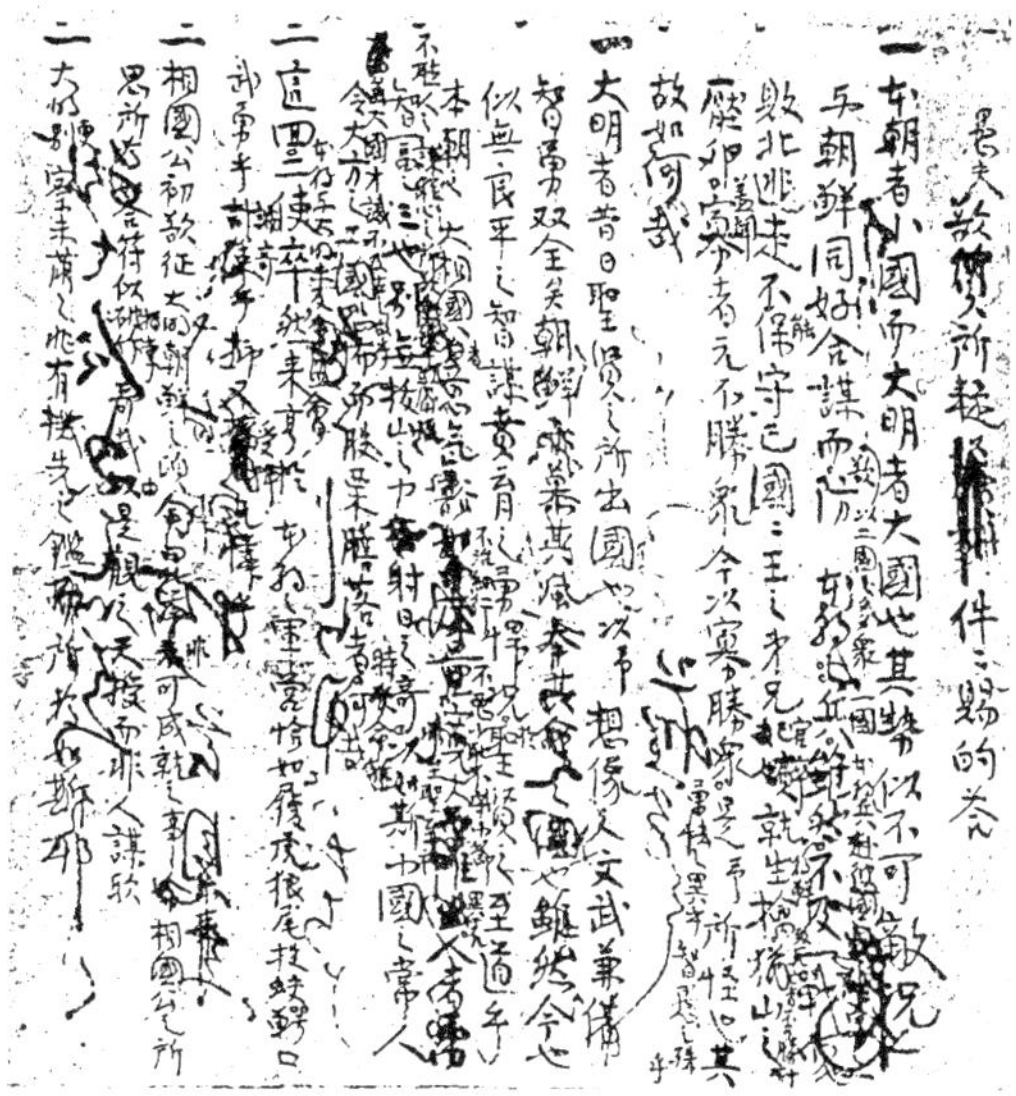

明国講和使に対する質疑草稿（自筆稿本）

惺窩が明国信使に好意をもってこれを労っていることは、彼らに贈ったかと思われる、

四海一家、遠方ニ非ズ、
大明ノ高客、忽チ梯航ス。
言フヲ休メヨ語韻翻ッテ還タ苦シト。
中ニ賞音、故郷ニ同ジキ有ルヲ。
（邂二逅大明国使一）

という詩を作っていることでも知られよう。

ところでこの質疑草稿で注意されるのは、惺窩の明国観と秀吉評である。

明国については、

大明ハ昔日聖賢ノ出ヅル所ノ国ナリ。予ヲ以テ之ヲ想像スルニ、文武兼ネ備ヘ知勇双ビ全シ。朝鮮モ亦、其ノ風ヲ慕ヒ、其ノ命ヲ奉ズルノ国ナリ。然リト雖モ今ヤ良平ノ智謀、賁育ノ勇悍無キニ似タリ。況ンヤ聖賢ノ至道ニ於テオヤ。（原漢文）

といっているものは、外交辞令もあろうが、一応明国に敬意を抱いておることが知られよう。

惺窩の秀吉評

秀吉については、「意気豁如、度量寛大」を認めながら、

> 細行ヲ治メズ、小恥ヲ悪マズ、小節ヲ守ラズ、人ノ諫メヲ聴カズ、心ノ欲スル所ヲ縦ニス。全く凡庸ノ流ニ殊ナラズ。而シテ唯ダ凡人ニ出異スル者ハ、勇智富ノミナリ。（原漢文）

といい、一言にしてこれを評して、「小国の常人」と断じているところに、道を任じて立つ惺窩の立場がよく表現されている。また、

> 相国公（秀吉）初メ大明・朝鮮ヲ征セント欲スルノ頃、僉曰ク、此ノ挙、成就ス可キノ事ニ非ズト。爾来、相国ノ思フ所、為ス所、符ヲ合スル如ク、掌ヲ指スニ似タリ。奇ナル哉。是レニ由ツテ之ヲ観レバ、天授ニシテ人謀ニ非ザルカ。

といっているのは、当時の一般知識人の心に映じた朝鮮の役の一面をうかがうことができよう。

最後に、本稿は添削補正の跡を留めているので、全くの草稿であって、惺窩と明使の間に果してこのままの質疑が成されたかは、また別箇の問題であることを言い添えておく。

四　江戸行と母の死

名護屋の地で家康に謁した惺窩は、家康の招きを受けたのであろう、文禄二年（一五九三）十二月に江戸に赴いている。道中、富士山、大磯、由井（比）ケ浜、武蔵野、浅草寺、角田（隅田）川等についての詩（あるものは序を附す）が『惺窩先生文集』巻三に載っている。試みに一部を記してみると、武蔵野を詠じては、

武蔵野詠

武蔵野広ク往ケドモ窮（きは）マリ無シ。
四顧、蕭々トシテ草、空ヲ払フ。
方（むか）フ処、転（うた）タ迷ヒ頻リニ指点ス。
日ハ西ニ残リ復（ま）タ月、東ニ昇ル。

結局は、柿本人麻呂の「東の野にかぎろひのたつ見えて　かへりみすれば月かたぶきぬ」（『万葉集』）を受け、蕪村の「菜の花や月は東に日は西に」の先蹤となったものといえ

よう。

浅草寺

浅草寺を過ぎては、

四顧、闃爾(げきじ)トシテ（ひっそりして）群籟ヲ聴カズ、雲淡ク地浄(きよ)く、肺肝之が為メニ烱然タリ。……老屋蕭条トシテ三十二宇。竹林蓬蒿(ほうこう)ノ間ニ隠映シ、檐(のき)半バ傾キ、垣漸ク頽ル。

などといっているので、当時はまだ荒廃してひっそりしていたことが知られる。

角田川

角田川に遊んでは、都鳥を見て、

蓋シ名ハ実ノ賓ナリ、故ニ其ノ鳴クヤ京都ノ声ノ如シ。予覚エズ郷思ヲ発ス。……昔、白氏（白楽天）江州ノ湓浦(ぼんぽ)ニ左遷サレテ、舟中、琵琶ヲ弾ズル者ノ京都ノ声有ルヲ聴キ、涙、青衫ヲ濕(うる)ホス、千載ノ佳話ナリ。

といい、

飛鳴、鳥有り角田川、
名ヅケテ京都ト曰ヒ声　自(おのづか)ラ然リ。
我亦(また)舟中湓浦ノ客（旅人）、
断腸、認メテ琵琶ノ絃ト作(な)ス。

と歌っているので、彼の白楽天傾斜の風流ぶりをうかがうことができる。

仏教諷刺の和歌

なお注目すべきは、『惺窩先生倭謌集』巻四に「江戸にをもむきし頃、浄土宗の寺ちかきあたりに一宿しけるに、夜日と名号をとなへてかしましければ」

　をろかにもにしとばかりはたのむかな　穢土に浄土はありける物を

と歌っているものは、彼が西方浄土をはかなく祈る僧侶の愚を笑い、この世（人間世）にこそ浄土があると喝破したものとして、特別の注目をひく。

すなわち彼は文禄二、三年、三十三、四歳の頃、すでに明らかに精神的には儒者としての自覚を明確にしていたというべきである。

母の死

惺窩の江戸滞在は、年を越えて、翌文禄三年に及んだが、突然三月十七日に、京都に残して来た母の訃報に接する。惺窩は哭泣して「水漿」（のみもの）も口に入らざるありさまで、老母をおいて遠く遊んだことを悔い、帰養の遅れて不孝の子となったことを悲しむ詩とともに、父の戦死のあと、寡婦として十六年にもわたって家族を護養したことを讃えて、

　平日、家ヲ斉へ、豈身ヲ顧ミンヤ。

孀居（やもめぐらし）幾歳、酸辛ヲ奈セン。
孫有り不順ナルモ曾テ恨ム無シ。
婦道母儀、古人ヲ思ハシム。

と歌って、追慕の誠を披瀝している。この年の十二月十四日、秀吉は明国と和議を約している。

五　渡明の敢行と失敗

渡明敢行

惺窩は前に引いた和歌によっても、すでに儒者たるの決意を堅め、母の三年の喪（実質は三年目にかかる二十五ヵ月）に服す傍ら、専心儒教の経典に就いて思索探求を重ねたが、なお求道心のやみがたいものがあったのであろう、直接明国に渡って良師に接し、朱子学の経典等を求めたいと考えたものか、当時としては一大冒険たる渡明を敢行するのである。

鬼界ヶ島に漂着

薩摩から船出したこの行は不幸にして鬼界ヶ島に漂着するという結果になったので、『惺窩先生文集』巻三に「大明国ニ渡ラント欲シテ疾風ニ遇ヒ鬼界ケ島ニ到ル」と題して、

三人、此ノ地、謫生涯、
二十、環（還）ヲ賜ヒ、一十嗟ク。
若シ是レ浮遊シテ天外ニ去ラバ、
波間ノ鬼島ハ即チ神槎（神のいかだ）。

と俊寛の故事に思いを致し、『惺窩先生倭謌集』巻三に、

やまと哥のあはれかけけり目に見えぬ　鬼のしまねの月のゆふなみ
薩摩がた八重のしほかぜ告やらん　あはれうきみはをやだにもなし

等と歌っているので、そのおおよそは知られよう。

この行についての非常に貴重な文献は、惺窩が京都を発し、薩摩山川津に至るまでの約七十日の日記の残簡に、鬼界ケ島における惺窩自筆の詠草の断片を附し、両者を巻物風の一巻としている内藤湖南博士旧蔵の「南航日記残簡」（国民精神文化研究所刊、『藤原惺窩集』巻下所収）である。

惺窩の渡明の時期

この「南航日記残簡」が知られるまでは、惺窩の渡明の時期については、惺窩の新註書の加点が薩摩の文之和尚（一五五五生、惺窩より六歳の年長）から得たとして学界における薩摩の地位を重からしめようとする薩摩側の伊地知季安（一七八二—一八六七）の『漢学紀源』の文禄二年

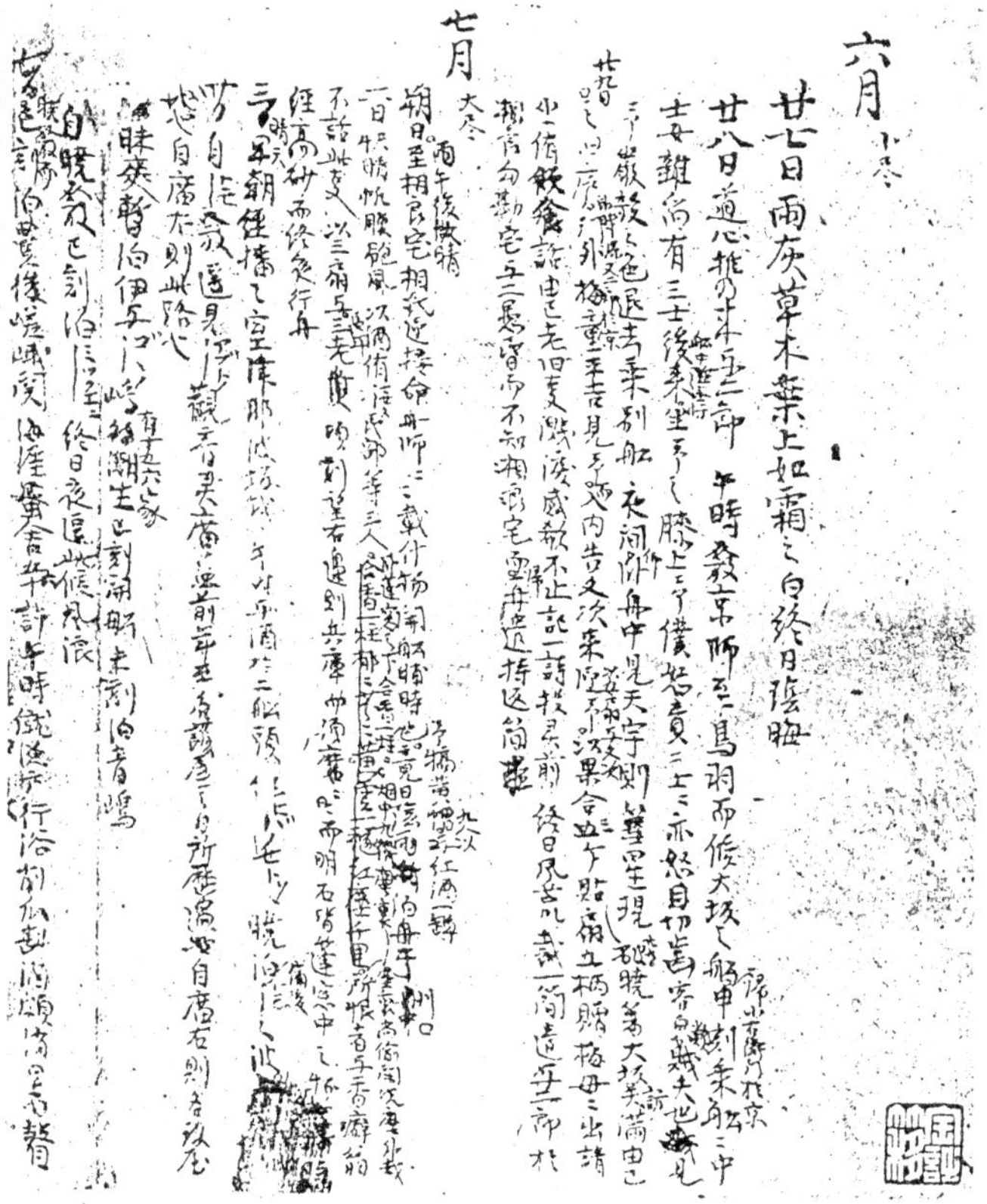

南航日記残簡（自筆稿本）

渡薩・翌三年帰洛説が行われていたのであるが、これは『惺窩先生文集』巻七の「四景我有解」に、「文禄癸巳（二年）八州牧伯ノ源君亜相（家康）ノ佳招ヲ蒙リ、武（武蔵）ノ江城（江戸）ニ遊ンデ年ヲ踰ユ」、および同じ巻の「古今医案序」の「甲午ノ歳（文禄三年）、余、人事ヲ以テ関左（関東）ニ遊ンデ、不幸ニシテ母、病ヲ以テ終ハリ、定省ヲ果サズ、湯薬ニ侍セズ」とあるによっても、誤まった説であることが知られる。

惺窩の「南航日記残簡」

ところが大正十四年七月、惺窩自筆の「南航日記残簡」が内藤湖南博士の得るところとなり、ここに学界の一大疑問は解決の運びとなった。惺窩の渡薩紀行ともいうべき南航日記については、高柳光寿氏の詳細な紹介と研究（「藤原惺窩伝補遺」『国史学』三号）があるので、これを参考しつつ惺窩南航の事実を考えてみたい。

薩摩山川津

惺窩の「南航日記残簡」は、六月二十七日に始まり同八月七日に終っているが、これによって惺窩の足どりを辿れば、六月二十八日に京都を発して薩摩に向い、七月二十三日に鹿児島に到り、ついで浜ノ市（大隅の古国府の西部にあり、当時海駅として名があった）で島津義久（竜伯）・伊集院忠棟（幸侃）に面会し、忠棟に渡明の意中を告げてその承諾を得て、閏七月十五日に山川津（薩摩半島東南端の港。坊ノ津とともに当時南方における主要な貿易港で、海外に航するにも多大の便宜があった）に到り、ここに滞留して入明の船を待っていた。

（鹿児島県揖宿郡山川町）

年代はどうかというと、備後のトモ（鞆。現福山市南方、阿伏兎岬に続く海岸）の箇所で、「蓋シ前年、名護屋ニ至ルノ日、歴過スル所ナリ」とあるによって、この行が文禄二年以後であることは明らかである。高柳氏は文中、閏七月十二・十三両日の大地震の記事と、『親綱卿記』『言経卿記』『孝亮宿禰日次記』『義演准后日記』『梵舜記』等の記述とを比較研究され、この年をもって慶長元年（一五九六）と論断されているが、けだし定論というべきであろう。従って惺窩の薩摩行は慶長元年六月なることが判明した。惜しいかな、この日記残簡は八月七日の半途で切れていて、その後の惺窩の消息が明瞭でないが、幸なることに鬼界ケ島における吟詠草稿断簡一枚が存している。この一枚は全くの草稿で、抹消添削の痕跡いちじるしく、虫に食われた跡も少

山　川　港

くなく、そのうえ用紙不足のためか、上中下段、行間等に入り乱れて紛然と記されている。

この鬼界ケ島での吟詠草稿の中で、まず和歌の部分について述べれば、「薩摩方」「烟立ツ」「身ヨイカニ」の三首は、『惺窩先生倭謌集』巻三別離部の「その時船を鬼界がしまにつなぎて」に続く「おなじ時」と題する三首の草稿であり、同倭謌集のその直前の「もろこしへわたり侍らんとてつくしまでくだりし時、しれる人のもとへよみてつかはしける」と題する一首「なれてうし」、「その時船を鬼界がしまにつなぎて」と題する一首「やまと歌の」の二首は草稿に無く、「枝高ミ」以下の数首は倭謌集には見当らぬものである。また漢詩についてみれば、「俊寛此地謫生涯」の数句は『惺窩先生文集』巻三の「大明国ニ渡ラント欲シテ疾風ニ遇ヒ鬼界島ニ到ル」と題する一首の苦心推敲の跡を物語る草稿であることが知られる。

鬼界ヶ島滞在の期間

しかもここに注意すべきは、本草稿に「梅サカリナル冬」「三月尽」「春ノ曙」「花ノ影」「春ノ行末」「涼サハ今日手ニ結ブ氷」「細涼」等の語があることであって、前述の南航日記と併せ考えれば、惺窩の鬼ヶ島滞在は、慶長元年冬ないし同二年初頭よりその夏にかけてのことと見なければならない。

しかしここに問題となるのは、『惺窩文集続編』巻三ならびに『惺窩先生文集』巻四に、「慶長二歳之春、遊㆓東山大仏㆒口号」と題する七絶一首が載せられていることである。今、両文集の記事を比較するに、一字一句の異同もない。従って為経編の『惺窩先生文集』は、『惺窩文集』（正編は林羅山、続編は菅得庵編）の後に出て、これを補正したものであるから、少くともこの詩に就いていえば、為経は得庵の編したところをそのまま踏襲したことになる。しかしすでに惺窩の自筆草稿によって惺窩の鬼界ケ島滞在は慶長二年初夏の候にまで及んでいると見なければならないことであるから、惺窩自身の万に一の不用意でない限り、得庵の編集に何らかの過誤があったと推定するより外ないのである。

なお惺窩の鬼界ケ島滞在は、『惺窩先生倭謌集』巻三の「もろこしにわたり侍らんとてつくし（九州）までくだりし時しれる人のもとへよみてつかはしける」「その時船を鬼界がしまにつなぎて」並びに『惺窩先生文集』巻三「欲レ渡二大明国一、遇二疾風一而到二鬼界島一」と題する詩歌によって知られる如く、全く暴風雨の結果、漂着を余儀なくされたのであって、前記「南航日記残簡」並びに鬼界ケ島での吟詠草稿の断簡と併せ考えるとき、それは山川津を出帆した渡明の道中と見なければならない。

かくして結局、惺窩は慶長元年六月二十八日京都発、内海から東九州海岸を経て薩摩へ向かい、閏七月十六日山川津着、同八月から季冬にかけて（おそくとも翌年初頭）山川津を出帆、途中疾風にあって鬼界ケ島に漂着、翌年の夏まで同島に滞在したものと推定される。そして前述の倭謌集や詩歌に見ても、この薩摩行は全く入明の便宜を得るための手段であったのである。こう見てくると、本篇は片々たる断簡ではあるが、惺窩の伝記と学術を考える上で欠くべからざる重大資料であるといわなければならない。

薩摩での見聞

ところで、同「南航日記残簡」で興味をひく記事としては、七月十三日・十四日の項で、大隅内ノ浦（志布志湾続きの港、現在は宇宙衛星等をうちあげる東大宇宙空間観測研究所のある所として有名）で、その地の役人竹下宗意にルソン瑠璃盞（ギヤマンのコップか）で葡萄勝酒（ぶどうしょうちゅう）をもてなされ、呂宋（ルソン）や琉球の話などを聞き、蛮人（西洋人）の記すところの「世界図」を見たこと、閏七月十九日の項には山川津の山下には温泉があり、潮が退くと、沙の中から湧き出て、沙を掘って窪みに浴すること（現在の指宿温泉の特色が当時もすでにあったことが知られる）、閏七月二十九日の項に、大坂から帰って来た客の談として、この月の十二日の地震につき、

京伏見大坂ハ家々破損シ、諸人落胆。其ノ日、白日、暗夜ノ如ク、天、灰ヲ雨ラセ毛ヲ雨フラス。（原漢文）

と述べ、八月三日の項に、山川津の青竜寺、宝寿院、実勝院を訪れたが、僧らは「皆、唖羊鳥鼠ノ類ニシテ、話ス可キ者ニ非ズ」と記していることなどである。

六　朝鮮役の捕虜姜沆との出会いと交友

惺窩は鬼界ケ島より京都に帰着してからは、他人を頼らず、直接六経等の文献そのものに就いて、儒学とりわけ朱子学を究める覚悟を一層堅めたと思われるが、彼の学問にとって無視できない刺戟と影響を与えた事件が起った。それは外でもない。慶長三年（一五九八、惺窩三十八歳）の秋、朝鮮役に捕虜となり、伏見の藤堂高虎の監視下にあった姜沆と出会ったことである。因みに秀吉は文禄五年（慶長元年）九月一日再び朝鮮出兵を議し、翌慶長二年正月、大軍を朝鮮に攻め入らせていたのである。

朝鮮の役の捕虜姜沆の閲歴

姜沆（一五六七―一六一八）、字は太初、号は睡隠、沆はその名、全羅道靈光郡、晋州の人。朝鮮明

宗の隆慶丁卯（一五六七、日本永禄十年）に生れ、戊子（一五八八）進士に中り、癸巳（一五九三）文科に登り、校書館に分隷し、博士に陞り、典簿に転じ、工刑曹佐郎に移った。丁酉（一五九三）の夏、再度の朝鮮役に当っては、摠兵（明軍司令官）楊元は兵を南原に屯し、姜沆を朝廷に請い従事となした。南原が陥るや、姜沆は檄を諸邑に飛ばして義勇軍を召集、至る者数百人あったが、敵兵（秀吉の派遣軍）が殺到するのに遭い、遂に父以下の家族を二艘の船に乗せて海上に逃れた。しかし敵船に遭って水中に投じたが水浅くして皆捕えられ、日本に押送され、伊予に至り、ついで大坂、さらに伏見城に移された。そして約一年半の庚子（一六〇〇）許されて帰国した。伏見に在るとき、日本の地勢や国情を録して祖国に報じ、朝廷より嘉称されようとしたが、捕虜になったことで位を得ず、帰国後退居教授し、光海君の戊午（一六一八、日本元和四年）卒した（五十二歳）。経史百家に通じ、文章にも長じたので門弟も多かった。著すところ『睡隠集』『雲提録』『巾車録』『綱鑑会要』『左氏精華』『文選纂註』の外、日本囚虜中の見聞録たる『看羊録』がある。

惺窩が彼を菁川とよびなしているのは、彼の本籍地晋州の古名に因るもの。彼は幼より碩学辛応時（白麓）に学び、後にさらに成渾（牛渓）の門に入り、朝鮮の朱子ともいわれる李退渓や李栗谷（一五三六―一五七九。名は珥）、成牛渓（名は渾）の間接直接の感化を受けた人物で、その著述によっても、かなりの朱子学者であったと見なければならない。

当時の朝鮮の学風

ことに注目されるのは、当時の朝鮮は、李退溪を頂点として、朱子学全盛の時代で、学問といえば朱子学がその趨勢であったことである。

惺窩と姜沆との関係と信頼

惺窩がこの姜沆を敬重したことは、『惺窩先生文集』巻首所載の「是尚窩記」「惺斎記」を、さらには後にも触れる「文章達徳綱領叙」を彼に依頼しているところでも知られる。こうしたものを依頼するのは、自分の敬重する人物であるのが普通であり、それをまた故人の文集の冠首に据えるのは、後人にとってもその人物の評価の高いことを示している。

以上の二記と一叙は、いずれも万暦己亥と記されている。日本の慶長四年に当るが、それをかくのごとく記しているところに、日本、朝鮮の何れにも属したくない彼の苦心が感ぜられるが、一面また朝鮮の中国尊重の態度をうかがうことができよう。このような表記も遡れば七世紀中頃の新羅に求められよう。

是尚窩記と惺斎記

ところで、「是尚窩記」も「惺斎記」もともに惺窩の書斎名、ひいては雅号であり、前者は惺窩が孟子の語に因んで、上りて古人（孟子を初め程朱ら）を尚び友とすることを言い、後者は謝上蔡（良佐、宋の儒者）の常惺々（平常事物に惑わないで本心の明らかなこと）の心法に採ることを述べているので、ともに惺窩を目して純乎たる儒者、とりわけ程朱派の学者たることを認めている。これより九年前の、天正十八年の朝鮮国使許箴之（山前）が惺窩を目して僧となし、『荘子』の無心にして立つ意味の柴立の態度を愛する彼のために「柴立子説」を作って惺窩に贈っているのと、明らかな対照を示していることが注目される。

ただし、惺窩は物ごとにこだわらず、いわゆる洒落（この語は周濂溪（一〇一七-七三）の人柄を表わした言葉、人品甚だ高く、胸中洒落、光風霽月の如し、によるもので、心がさっぱりしているというほどの意味で、後世、日本で一般化した「しゃれ」の意味ではない）な人であり、儒者となってもこの性格は改まったわけではないので、「柴立子」と号したからといって、彼が全く儒教と無縁の人物であったとは断じ得ないと思う。ただし当時はまだ僧服を着、生活のためにも一応僧籍にあったことは認めなければなるまい。

惺窩の儒学自覚の時期

要するに惺窩は三十代前半から朝鮮国使の刺戟もあって経書に一層親しみ、かなり鋭角度に儒教とりわけ朱子学に傾き、姜沆に会う（慶長三年、惺窩三十八歳）までの三十代後半には、文禄五年（惺窩五十六歳）二月執筆の「古今医案序」（『惺窩先生文集』巻七）には明らかに「惺斎斂夫以粛」と署名しているところでも察せられるように、確乎として儒者たる自覚をもち儒者を以て任じていたと見るべきであろう。

ところで姜沆が惺窩の朱子学確立に関して注目されるのは、惺窩が赤松広通に勧めて姜沆に程朱学の立場から四書五経その他の朱子学関係書の書写を依頼し、そのことを通して両者は互に心を許す交わりをもつに至ったことである。

姜沆の五経跋

己亥（慶長四年）春二月望日の日付のある『惺窩文集』続巻三所載の姜沆の「五経跋」には、日本が中国を去ること遠い海中の国であったため、中国に起った新儒学たる程朱学(ていしゅ)に暗く、何晏(かあん)・鄭玄(じょうげん)関係の漢唐訓詁学に薫染していた中で、

> 千百年ヲ曠(むなし)ウシテ始メテ惺斎斂夫一人ヲ得タリ。窮約自ラ守リ、聞達ヲ求メズ。惟(ただ)文籍ヲ以テ自ラ娯(たの)シム。其ノ学、深ク造(すす)ミ独リ詣(いた)ル。一(ひたすら)ニ操存省察ヲ以テ本ト為シ、経書洞(ふか)ク念(おも)ヒ暁(あき)ラカニ析(ひら)ク。独リ程朱ノ伝註ヲ以テ是(ぜ)（正しい）ト為ス。一国ヲ挙ゲテ知ル者有ル莫(な)シ。惟(ただ)赤松公、葭莩ノ義ヲ以テ瓜葛ス（遠縁つづきで親しくする）。禿顖(えい)（禿筆）玄ヲ窮メ、積ンデ巻軸ヲ成ス。……既ニ業ヲ卒(お)フ。予ニ其ノ末ニ序センコトヲ乞フ。（原漢文）

と言い、さらに続けて、

> 日東の人、宋賢有ルヲ知ラズ、惟(ただ)斂夫之ヲ表出ス。是レ斂夫無ケレバ即チ宋賢無キナリ。斂夫ノ志ハ、赤松公ニ非ザレバ成ル能ハズ。是レ赤松公無ケレバ則チ斂夫無

キナリ。

と言っている。

宋賢を顕彰した惺窩、また日本朱子学と赤松広通との関係を、これほどはっきり喝破したものは、他に類を見ないので、これについては後に赤松広通の項でさらに述べることとして、ここには羅山が「惺窩先生行状」でもふれている惺窩編の程朱の新註による四書五経の訓点のことについて少しく述べておく。

宋学と惺窩と赤松広通の関係

惺窩が四書五経に、程朱学の方向で訓点を施した原本は遺憾ながら発見されていない。しかしこれと関係あるものについては、『鼇頭評註四書大全』と『新板五経』がある。

『鼇頭評註四書大全』

『鼇頭評註四書大全』は明の胡広等撰にかかる『四書大全』の本文に訓点を施し、欄外に頭註を附したもので、大学二巻、中庸三巻、論語二十巻、孟子十四巻、合計三十九巻、二十二冊より成る（神宮文庫、内閣文庫等所蔵）。

ところで頭書ないし頭註ということは中国においては稀覯（きこう）のことであるが、わが国では平安朝以来、首付と称し、異説を上欄に記して記憶に便にし、談論の用に供することが行われたので、慶長以来新註の時代となってからは、「集註」「大全」が流行し、これに伴って『四書大全』の頭書も数種出版された。刊記はなく、『孟子大全』の巻尾に、

鼇頭評註　妙寿院惺窩藤斂夫先生輯　刪補訓点　石斎鵜信之

とあるのを見る。これに拠って見れば、本書は惺窩の鼇頭評註本を基礎として、鵜飼石斎がこれを刪補し、かつ訓点を施したことになる。

鵜飼石斎、字は子真、号は心耕斎、石斎はその通称。江戸の人。弱冠、京都に遊学し、業を惺窩の高弟那波活所に受け、のち京都で教授し、著述教授のかたわら諸書を校訂し、訓点を施し、寛文四年、四十九歳で歿した。従って彼は惺窩再伝の弟子ということになる。

今、その頭註の内容を見ると、藤惺斎云、或いは惺斎按として明記するものは、前後を通じて『論語大全』に五箇所、『中庸大全』に一箇所の都合六箇所、道春按、或いは道春謂というもの数箇所、また愚意、愚按、愚謂、余按、按などと称するものも諸所に散見する。この外、誰の説か、何書に拠るかを明記していないものも少からず、その他は引用書ないし人物を明記している。これらの頭註のうち、惺斎云また惺斎按と明記するものの外は、どこまでが惺窩の原本のものであり、どこからが石斎の刪補にかかわるかが一切判明しない。慶安四年の『鼇頭評註四書大全』について見るに、内閣文庫本に拠れば、本書は『四書大全』そのものの倭点本であって、いわゆる鼇頭評註（頭註）なるものは全然ない。

煩瑣な考証は略すが、惺窩が『四書大全』を読んでいたことは、羅山との書簡によって貸し借りを行っているところでも知られるが、惺窩が『四書大全』の頭註をなしたことは、惺窩の文集を初め、門弟の記録にも見えないので、惺窩は四書の本文に訓点を施したに止まって、書を成すまでには至らず、一には鵜飼石斎が自分の頭註を権威づける意味で、また一には惺窩を顕彰する意味で、惺窩を標出して来たのではなかろうか。惺窩自筆の頭註四書大全の現われない限りは、そのように言っておく外はない。

新板五経

『新板五経』については、惺窩が赤松広通のために程朱の意に従って、四書とともに五経に訓点を施したことは、すでに触れた通りであるが、その原本の伝来するものを聞かない。ただ寛永五年洛人が惺窩の五経の訓点に則って、羅山の跋を附して出版した『新板五経』（成簣堂文庫、静嘉堂文庫等所蔵）が伝えられているが、羅山の跋文には、惺窩は嘗てこの訓点を成したが、元本は蔵して出さず、その副本が流出したのかも知れないが、字の誤りもあるといって、必ずしも全面的にこれを信用していない。

ともあれ、惺窩は精励で、四書五経の訓点に指を染めたことは認めてよいので、以後、羅山を初め多くの漢籍の訓点本を成す先蹤となったのである。

現存の姜沆等筆写の程朱学関係諸書

姜沆はその捕虜生活中、赤松広通の依頼によって——これには姜沆ら朝鮮捕虜の生活の資にあてさせようとする好意もあったろう——大字本四書五経を書し、惺窩の訓点に寄与した外、赤松公のために携帯に便な袖珍本の『四書』『五経』『曲礼全経』『小学』『近思録』『近思続録』『近思別録』『通書』『正蒙』等の程朱学関係書の筆写に従事した。この手沢の袖珍本の原本が奇しくも三百八十余年を経た現在、内閣文庫に所蔵されていることについては、阿部吉雄氏の『日本朱子学と朝鮮』の「惺窩と朝鮮儒学」のうちの「姜沆彙抄十六種について」に詳しい。

「問姜沆」

惺窩と姜沆との関係を知る上では、これまでにすでに触れた文章の外、『惺窩先生文集』には、「題㆓菊花図㆒答㆓姜沆㆒」という惺窩の七絶二首(巻四)と、「簡㆓朝鮮姜沆㆒」「問㆓姜沆㆒」「答㆓姜沆㆒」(巻十)の三つの書簡と、冷泉家所蔵の巻物風に表装された「姜沆筆談」(国民精神文化研究所刊、『藤原惺窩集』巻下所収)がある。

このうち「問㆓姜沆㆒」では、日本ではこれまで漢唐訓詁記誦の学が行われていたが、宋儒でなければ孔・孟の聖学を伝え得ないことを述べたあとで、

故ニ赤松公、今新タニ四書五経ノ経文ヲ書シテ、予ニ請ウテ宋儒ノ意ヲ以テ倭訓ヲ字ノ傍ニ加ヘ、以テ後学ニ便セント欲ス。日本、宋儒ノ義ヲ唱フル者、此ノ冊ヲ以

「姜沆筆談」

惺窩学術への姜沆の示唆

姜　沆　筆　談（自筆稿本）

テ原本ト為サン。……足下其ノ事ヲ叙シ、其ノ実ヲ証シ、冊後ニ跋セヨ。

と自己の抱負を披瀝して姜沆の跋を乞い、「答㆓姜沆㆒」では、惺窩が姜沆の無聊を慰めるために『文献通考』を附与しており、「姜沆筆談」では、惺窩が姜沆に微禄のために絆されぬように忠告したのに対し、姜沆がその好意を謝し、永く節操を堅持すべきことを誓い、惺窩がある一武人の粗暴卑佞をあらかじめ告げて姜沆の注意を促したのに対して、姜沆もまた自らの体験上よりその言の誤たぬことを認める等、両人の間には濃（こま）やかな交情をうかがうことができる。姜沆等が帰国を許されたのは、慶長五年春のことであるから、惺窩との交際は約一年半に及んだ。

なお阿部吉雄氏が指摘しておられるように、惺窩が後年、伝授の書の如く羅山（彼の入門は慶長九年八月のことである）に与えた『延平答問』（朱子の師・李延平の著）が朝鮮本の写本であったと想像されること（羅山旧蔵、現在内閣文庫所蔵）、羅山の号が『延平答問』に見える羅仲素が『春秋』を羅浮山で読んだという故事に因ったのではないかと思われること、李退溪・鄭秋巒共著の『天命図説』に関心を示し羅山から借用していること（『惺窩文集』巻三）等に徴しても、惺窩が姜沆から朝鮮の朱子学について何らかの知識を得、これらが姜沆帰国後も、一つの刺戟となって、彼の朱子学への信念を一層強化する機縁となったであろうことは想像される。

しかしそれはあくまで一つの刺戟であって、惺窩の朱子学への信念は五山文学の中から醸成されつつあった基盤に、彼自身の経書そのものに就く真剣な思索探求が結果したものというべきであって（三十六歳の時の「古今医案序」にすでに儒者たる自覚を持していたことは前に触れた）、姜沆の役割を過大に評価することは慎しむべきであろう。

朝鮮捕虜との「筆談」

なお、姜沆筆談に附随して一言しておきたいのは、惺窩と他の朝鮮捕虜との筆談についてである。この筆談は冷泉家所蔵であって、巻物風に表装され、裏に「筆談」と記されている（国民精神文化研究所刊、『藤原惺窩集』巻下所収）。

筆談の相手が誰であるかは判然とせぬが、この捕虜が書写を命ぜられたことが見えているので、「惺窩先生行状」の「先生、赤松氏ニ勧メテ姜沆等十数輩ヲシテ四書五経ヲ浄

[illegible]

朝鮮役捕虜との筆談（自筆稿本）

書セシム。先生自ラ程朱ノ意ニ据リ之ガ訓点ヲ為ス」とある記事と併せ考えれば、筆談の相手が姜沆とともに慶長の役に捕虜となって、藤堂高虎の監視下に伏見に在ったものと知られる。

筆談の内容は、朝鮮捕虜が書写を命ぜられながら、不注意か故意か、衍文闕字の誤りがすこぶる多いのに対し、惺窩がこれを責め、併せて捕虜の身の上を問い、これを慰めたもの。朝鮮捕虜が高貴の出の如く申し立て、惺窩が前後矛盾する弱点を追究するところに、当時の朝鮮捕虜の態度の一斑をうかがうことができよう。またこの捕虜が、先には「三子猶存スレドモ、生死亦タ未ダ知ルベカラズ」といい、後に、両児女があって「皆大閤ノ室内ニ在リ」という如き、異国に虜囚されて心乱れた時期とはいえ、その答弁はしどろもどろの観なしとしない。

しかしその国悪を諱(い)み避け、日本軍の戦死者の多いのを聞いては、人命の重大なるを述べて弔意を表する如き、また学人の名を辱めぬものと言えよう。全般を通じて、惺窩が弱者を憐み、天命に安んずべきを説いて、この不幸な囚人を慰めているところに、惺窩の人柄がうかがえる。

七　赤松広通の役割

赤松広通の事蹟

ここで姜沆とも深いつながりがあり、惺窩にとっても最良最大の理解者であり、惺窩の生活上の擁護者でもあった赤松広通について、なおもう少し触れておきたい。

赤松広通（一五六二－一六〇〇）が赤松則村（円心）、政則の裔であることはすでに述べた。惺窩の文集には、多く広通としているが、「呈二赤松氏一幷序」（『惺窩先生文集』巻二）には広英としており、過去帖、墓碑等によれば、広英または広秀となっている。

惺窩より一年の後輩で、少時、播州揖西郡佐江村（現、竜野市揖西）に居り、自ら斎村(さえむら)弥三郎広英、また斎村佐兵衛と称したということであり、同じ竜野のゆかりで、かなり早くから惺窩とは交際を結んだと思われる。惺窩の「悼赤松氏三十首」（『惺窩先生倭謌集』巻五）に「赤松左兵衛広通はゆかりあるぬしにて、もとよりしたしかりけるが」とあるものや、先に引いた惺窩の叔父寿泉が天正十六年（一五八八、惺窩二十八歳）越後の旅先から広通宛に惺窩（まだ僧籍にあり、蕣と称した）との交誼を謝する手紙（徳川義親氏所蔵、『大日本史料』第十二編之三十一所引）があることでも知られる。

のち天正年中、秀吉の軍に従って功あり、竜野から但馬の竹田（現、兵庫県朝来郡和田山町）三万八千石（これには異説あり）に封を移されたが、文禄三年、秀吉が伏見城を築くと、彼も伏見に邸を構えたらしいことは、先の「呈二赤松氏一幷序」に、「左武衛公赤松広英頃華第落成ス。走（惺窩）間ニ乗ジテ此ニ邂逅ス」とあるところでも想像される。この序のあとに附された七言絶句の起承に、

能ク人心ヲ化シテ務メテ雄ヲ攬リ、
右庠（郷校）講学、精窮ヲ得タリ。

といっているところでも、当時としては珍しい好学の大名であったことが知られる。

関ケ原役と広通の自尽

広通は秀吉の恩顧もあり、宇喜多秀家と姻戚関係をもったので、関ケ原の役には西軍に属した。役後、竹田城に引き帰り謹慎していたが、亀井茲矩が家康の命で因幡の宮部

氏を攻めて難渋し、広通に援軍を求めたのに応じて、これを落城せしめたが、鳥取を火攻めにしたことを家康が喜ばなかったので、亀井はその罪を広通にかぶせたため、家康より自尽を命ぜられて、三十九歳で果てた。先の惺窩の「悼赤松氏三十首」に「一とせ世の乱し時、亀井の何がし、しこちごと(讒言)により、つみなくて切腹せしが」とあるものがそれである。

惺窩の慟哭と弔詩歌

惺窩がその死をいかほど慟哭したかは察するに余りある。その三周忌にまでわたって三十首もの弔歌を残している。琴などをも嗜んだことに触れては、

聞なれし人ならなくにことの緒の　たえなばたえね軒の松かぜ

と詠じ、また、

うれしさの人の情のするゑ終に　おもへばうさのはじめ成りしか
天津そらのうらみしとても我なみだ　かかる人にしかかるべきかは

などと歌うほか、一周忌に当っては、

夢とのみおどろくほどや二とせの　けふぞまことのなみだをばしる

三周忌に当っては、

おくれゐていやとをざかる年月の　けふをいつまでなげかんとすらむ

と嘆じているほどである。

阿部吉雄氏は『日本朱子学と朝鮮』惺窩の章の第六節「赤松広通の遺事・遺蹟」で、竜野、竹田のほか、鳥取にわたって、あまねく足跡を探訪されているので、有志の参看を望む。

赤松広通の儒学尊崇

ここでは、惺窩との関係に立ち戻ると、彼が惺窩の勧めで姜沆ら朝鮮捕虜に四書五経等を筆写せしめて、惺窩の程朱学に拠る訓点を促し、さらに内閣文庫所蔵の、程朱学関係をも含む袖珍本の十六種を写さしめた外、姜沆にはかつて郷校を設け、儒者の服を製(つく)らしめていることが注目される。

「悼赤松氏三十首」に、

朝鮮の刑部員外郎なりし博士姜沆に五経四書などの道伝えられし後、絶て久しき釈奠(孔子の祭)の式、試料のさまとりいとなませみ侍り。この国にもあがりての世には、さかりに行れしにや、菅右相道真公の遺稿にも、おほく書のせられけり。彼博士(姜沆)のいひけらく、此戦国のうちにて、かかるこころざしのおはする、これなん滕(とう)の文公(中国、戦国時代の名君)のためしもおもひいでられて、時に亜聖の才のなきのみぞ、いとほいなからずばあらずとぞ感じあへりける。

とあるものがそれを言っているものと思われる（ほぼ同様のことは、『惺窩先生文集』巻十の「答二林秀才一代二田玄之一」にもある）。

第四　壮年期

一　深衣道服の製作と着用

惺窩の壮年期

惺窩の壮年期をいつからと定めることは困難であるが、一応、彼が程朱学者として確立した四十歳あたりとするのが、理解に便宜でもあろうか。

深衣道服の作製

彼は先にも触れたように、赤松広通の依頼もあり、姜沆に聞くところもあって、郷校を設け、孔子の祭である釈奠の式を定めたのであるが、進んで儒者のシンボルマーク的服装として深衣道服を作製してこれを着用し、形式的にも僧侶と截然（せつぜん）と区別する決意を顕示したことは、なかなか興味ある現象である。従って彼の儒者としての壮年期を、まずこの深衣道服のことから始めよう。

「答二林秀才一代二田玄之一」に、

来書ニ所謂（いはゆる）儒服ノ製ハ、足下ノ称許ヲ栄ト為サザルニ非ズ。然リト雖モ、他人之（これ）ヲ見レバ、則チ彼レ指議シテ曰ハン、足下、人ヲ悦バスニ溢美ノ言ヲ以テシ、余、人ヨリ受クルニ不虞ノ誉ヲ以テス、ト。然ラバ則チ彼此、益ナクシテ、却ツテ害有リ。且ツ夫レ儒服ノ製ハ、余ヲ以テ濫觴ト為ス者、亦タ奚為ゾヤ。……若シ諸侯、儒服ヲ服セズ。儒行ヲ行ハズ、儒礼ヲ講ゼザル者ハ、何ヲ以テ妄ニ儒ト称センヤ。（原漢文）

と言っており、従来の僧籍にあって儒を講じ、また博士家として教授するものと、自身を判然と区別するためにも、儒服を着用することに、大きな意義を認めているのである。

この儒服、すなわち深衣道服は、前引二文などから推しても、釈奠などとともに、或いは姜沆などの意見をも徴したかとも思われるので、多く朝鮮や中国の風を採り入れたものであるかも知れないが、羅山の「惺窩問答」（『林羅山文集』巻三十二。国民精神文化研究所刊『藤原惺窩集』巻下にも所収）に、

先生（惺窩）曰ク、我、深衣ヲ衣ル。朝鮮ノ人或ハ之ヲ詰ツテ曰ク、其ノ深衣ヲ衣ルハ可ナリ。其ノ髪ヲ薙グヲ奈何セント。

我、対ヘテ曰ク、此レ姑ク俗ニ従フノミ。泰伯（中国の古い賢人）ノ荆蛮ニ亡グルヤ、断髪文身シテ、而モ聖人之ニ至徳ヲ許サズヤト。詰ル者之ヲ頷クト。時ニ余（羅山）、賀氏（賀古宗隆）ニ請ヒ、深衣ヲ借リテ之ヲ製セント欲ス。先生之ヲ聴ス。翌日、

深衣道服到ル。余乃チ針工ヲシテ法ヲ以テ素布ヲ裁シテ深衣ヲ製セシム。（原漢文）

と見えているところに見れば、朝鮮や中国のものを参考して、一面自主的に日本的のものであったことが知られる。

惺窩は慶長五年九月、家康に謁した時、この深衣道服を以てし、羅山もやがてこれに従い、後年、惺窩は松永尺五にも、よき後継者と見込んだのであろう、自らの深衣を授けている（『尺五先生全集』行状）。

深衣道服着用の惺窩

先にも触れたように、惺窩の儒者もしくは程朱学者としての信念の確立は三十代の半ばにあったと思われるが、慶長四、五年、惺窩三十九、四十歳に至ると、深衣道服して、釈奠の礼を実施するという風に、形式的外見的にも儒者たる立場を明らかにするに至った。その一つの顕著な挿話は、慶長五年冬、入洛中の家康に謁した際も（この時、彼は家康のために『漢書』および『東莱十七史』等を講じている）深衣道服して現われ、旧知の僧承兌、霊三がその真（仏）を棄てて俗に還ったのを惜んでなじったのに対し、惺窩は敢然と人間世を旨とする儒こそ真であることを宣言し、当時家康のもとで僧司録という重職にあった承兌が、惺窩を以て対明勘合船の専対（とりしきる役）にしようと誘ったのも拒絶して、出でて仕えようとはしなかった。これはこの年、石田三成の招聘にあって、一度は赴こうと

対明勘合船専対を断わり出任せず

したところでもわかるように、三成にはかなりの好意をよせていた（これより先の文禄三年秋には三成の母の喪に対して弔詩を贈っている。『惺窩先生文集』巻三所載）のと、三成側に加担したために赤松広通が家康から死を賜っていることも、自分自身が家康に仕えるには何かひっかかるものがあったのではなかろうか。

それはともかくとして、仏を完全に捨て去って、深衣道服して儒者として立つことは、当時としては一種の背水の陣であったと思われる。というのは、鎌倉室町時代以来、五山を中心とする僧侶が諸侯の政治顧問もしくは記録掛として生活することが普通であったので、その僧籍から離脱することは、その利便を捨て去ることを意味したので、生活上にも大きな障害を免れなかったであろう。

しかし彼は質素を旨とし、彼の周囲には、早くから木下若狭守勝俊（木下長嘯子）、賀古宗隆、吉田素庵らの後援者もあり、次第に彼を慕って集まる門弟、大名で彼に道を聴くもの等も生じたので、彼は仕えざる隠君子として終始することができた。

その門人で、後に彼の学統を世に顕わすに最も功のあったのが、林道春（羅山はその号）その人であった。

二　羅山の入門

ある人物の学術を後世に顕彰し発展せしめるのは、その門人に人を得るか否かが決定的要因になるものである。惺窩がその幸福に恵まれたのは、慶長五年（一六〇四）八月、林羅山（一五八三―一六五七）が入門したことにかかっていた。時に惺窩四十四歳、羅山二十二歳であった。

林羅山

林羅山、名は忠（ちゅう）、一名信勝（のぶかつ）、又三郎と称した。字（あざな）は子信（ししん）。道春（どうしゅん）と称し、羅山はその号であった。彼は初め京都五山第三の建仁寺の僧であったが、早くから儒学に心を寄せ、博覧強記、すでに慶長九年頃から、ひとかどの見識をもった人物であった。その頃、すでに朱子学に傾斜して、その疑問とするところを、惺窩の門人で安南貿易に携わる実業家でもあった吉田素庵（名は貞順、一名玄之、素庵はその号。海外貿易に従い、富士川、賀茂川、高瀬川などの疎通開削を手がけた角倉了以（すみのくらりょうい）の子）に呈し、暗にその師惺窩の教示をうけようとし、惺窩はこれをうけて、素庵に代って「答二林秀才一　代二田玄之一」なる長文の手紙を与えたところから始まった。

この手紙の一番の眼目は、羅山が宋の朱子（一一三〇―一二〇〇。名は熹、紫陽山に居たところから彼のことを紫陽という）を宗として、ほぼ同時代の同じ宋儒の陸象山（一一三九－九二。名は九淵、金谿県の人）を排しているのに対して、惺窩は、

惺窩の朱・陸評

紫陽（朱子）ハ質、篤実ニシテ邃密（深くくわしい）ヲ好ム。後学、支離（ばらばらになる）ノ弊有ルヲ免レズ。金谿（陸象山）ハ質、高明ニシテ簡易ヲ好ム。後学、怪誕（あやしくとりとめのない）ノ弊有ルヲ免レズ。是レ異為ル者ナリ。人、其ノ異ルヲ見テ、其ノ同ジキヲ見ズ。同ジキ者ハ何ゾヤ。同ジク堯・舜ヲ是トシ、桀・紂ヲ非トシ、同ジク孔・孟を尊ビ、同ジク釈（仏教）・老（老子）ヲ排ス。同ジク天理ヲ公ト為シ、同ジク人欲ヲ私ト為ス。然ラバ則チ如何。学者各〻心ヲ以テ之ヲ正シ、身ヲ以テ之ヲ体ス。……一旦豁然トシテ貫通スレバ、則チ同ジキカ異ルカ。見聞ノ智ニ非ズ、必ズ自ラ知リテ然ル後ニ已マン。（原漢文）

といって、朱・陸の長所を併せ用うべきことを諭している。

羅山の入門

この手紙（慶長九年三月十二日の日付となっている）を契機として、羅山は八月二十四日、惺窩の友人で後援者でもあった賀古宗隆の家で惺窩に面接して師弟の契りを結ぶに至った。しかし惺窩は羅山の学力をよく認めて、常にこれを普通の門弟以上に推重し、早速深衣道服の制を伝え、羅浮子または羅浮山人と称して羅山の号を与え、朱子学の根幹となっ

た朱子の師の李延平の『延平問答』等の有益な書を読むべきことを勧める一方、惺窩も彼の蔵書、とりわけ慶長十二年四月、羅山が家康の侍講(じこう)となり(家康は慶長八年二月、征夷大将軍に任ぜられている)将軍家の文庫をも監理する立場になるや、その蔵書の稀本珍本の類の借用の便宜を計ってもらう等、両者の関係は急速に親密の度を加えて行ったので、『惺窩先生文集』『惺窩文集』には、惺窩から羅山に与えた書簡(中には贈物を謝す手紙も多い)が数巻にわたって収められている。

羅山の昇進

羅山はその後、家綱まで四代の将軍の侍講となり、外交文書、諸法度の草案作成、幕政の整備に貢献したばかりでなく、篤学で万巻の書を読破し、多くの著書をあらわし、漢籍に訓点を施すことに努め、上野忍(しのぶ)ケ岡(現、東京都台東区)に家塾を建て、これが後の朱子学の専門校の昌平黌(しょうへいこう)のもととなり、その子鵞峰(がほう)、孫鳳岡(ほうこう)を初め、その門下に多くの俊秀を輩出し、あたかも江戸時代朱子学の総本山の観を呈するに至ったので、惺窩はこの面から近世朱子学の祖と見られるところ少しとしない。

惺窩・羅山の性格の差

しかし羅山は、むしろ能吏的秀才学者であって、詩人的隠君子的惺窩とは、性格的にも必ずしも相通ずるものでは決してなかったといえよう。

三　惺窩の門人

ここでついでに惺窩の主要な門人について触れておこう。

松永尺五

㈠松永尺五（せきご）（一五九二―一六五七）　名は昌三、字（あざな）は遐年（かねん）、小字は昌三郎、尺五と号し、また講習堂と号した。惺窩より三十歳の年少であった。京都の人。

松永家と惺窩の家とは遠縁関係にあり、尺五の父松永貞徳、すなわち逍遙老人は惺窩と親しい友人であった。惺窩は貞徳の母が亡くなった時は、「書二逍遙老人詩後一」（『惺窩先生文集』巻五）という心のこもった詩二篇を捧げている。そうした関係で尺五の惺窩への入門は羅山よりやや遅れたが、惺窩は彼の才徳をことのほか愛し、これに嘱望するところが深かったことは、『尺五先生全集』の「尺五堂恭倹先生行状」にうかがえる。

尺五の門流

彼は京都に講習堂なる塾を開き、門弟数千人、なかでも木下順庵（じゅんあん）（一六二一―九八）、貝原益軒（えきけん）（一六五二―一七一三）はその最も俊秀であって、さらに順庵門には新井白石、雨森芳洲（あめのもりほうしゅう）、三宅観瀾（かんらん）、祇園南海（ぎおんなんかい）らの人材を輩出したので、江戸の羅山に対して、尺五の京学の声望は天下にとどろいた。尺五およびその門流の教育者的傾向は、むしろ惺窩その人の性向に近く、その意味で、惺窩の正統は、政治的傾向の強かった羅山よりもむしろ尺五の側にあったと言ってもよいかと思われる。

堀杏庵

(二)堀杏庵(きょうあん)(一五八五―一六四二) 近江の人。名は正意、字は敬夫、杏庵はその号。別号杏隠。初め医を学び、のち惺窩に就いて学び、尾張藩の儒官となった。

那波活所

(三)那波活所(なわかっしょ)(一五九五―一六四八) 播磨の人。名は觚、初名方、字は道円、活所はその号、紀伊侯の儒官。

菅得庵

(四)菅得庵(鎌田徳庵、一五八一―一六二八) 名は玄同、また玄東に作る。字は子徳、得庵はその号、その書斎を生白室といった。播磨の人。京都で教授し、惺窩からは生白室小説(『惺窩先生文集』巻七)、欹案銘、書「無畫白貼扇」(同巻八)、講筵矜状(同巻九)などを書いてもらい、惺窩よりの手紙も羅山についで多数で(『惺窩先生文集』三通、『惺窩文集』三十五通)、それも簡潔率直なものが多く、惺窩とはかなり親しかったと想像される。

惺窩門の四天王

以上に林羅山を加えた五人のうち、惺窩門の四天王とよばれるのに二説あり、一は林羅山・松永尺五・那波活所・堀正意(茅原(ちはら)虚斎の『茅窓(ぼうそう)漫録』)、一は羅山・堀正意・鎌田徳庵(菅得庵)・那波活所(那波魯堂の『学問源流』)である。

石川丈山

(五)石川丈山(じょうざん)(一五八三―一六七二) 名は凹、字は丈山、通称嘉右衛門、号は東溪、六六山人、四明山人、詩仙堂とも号した。三河の人。家康に従って戦功があったが、のち退けられ、比叡山の麓一乗寺村に隠栖し、惺窩に就いて儒を学ぶかたわら、詩を能くし、詩仙堂を営み、諷詠を楽しんだ。江戸時代の本格的詩人といえよう。

林東舟

㈥林東舟（とうしゅう）（一五八一―一六三八）　名は永喜、一名信澄、弥一郎と称した。東舟はその号、また樗墩とも号した。京都の人。羅山の弟で、幕府の顧問となった。

三宅寄斎

㈦三宅寄斎（一五八〇―一六四九）　惺窩に学んで、京都で教授し、津、福岡等の儒官をつとめた。

吉田素庵

㈧吉田素庵（一五七一―一六三二）　京都の人。名は貞順、一名玄之、字は子允、通称与市、素庵はその号。角倉（吉田）了以の子。父の事業を継ぎ、水利事業につとめる一方、安南貿易に従事し、経済的に惺窩を支援し、羅山入門の仲介をなし、彼に代って惺窩が羅山の学問的疑問に答える形にしたものが、「答二林秀才一代二田玄之一」（『惺窩先生文集』巻十）であって、惺窩と羅山の交流はこれから始まった。

惺窩は彼のために、「利ハ義ノ嘉会ナリ、故ニ曰ク、貪賈（商人）ハ之ヲ五ニシ、廉賈ハ之ヲ三ニス。焉（これ）ヲ思ヘ」というような貿易の心得を記した「舟中規約」や、また「〇致二書安南図一」（ともに『惺窩先生文集』巻九）を代作して与えている。

武田夕佳

㈨武田夕佳（一五四〇―一六二八）　名は三清、のち道安と改めた。夕佳はその号。書楼を夕佳楼といった。京都の人。医者で、惺窩が相国寺の東隣に住み、住居が近かったために、しばしば惺窩に薬を提供し価は求めなかった。

夕佳は陶淵明の詩の「山気日夕佳ナリ、飛鳥相共ニ還ル」から採ったもの。陶淵明は惺窩が最も敬愛した詩人で、夕佳とは性格的にも合うものがあったのであろう。惺窩は「夕佳楼小説」(『惺窩先生文集』巻七)を書き与えている。

武田蒙庵

(十)武田蒙庵　岌淵と称し、蒙庵と号した。医者で、道安の弟。歿年ははっきりしない。

吉田意庵

(十一)吉田意庵　名は宗恂、意庵は号。また意安に作り、玄子とも号した。京都の人。吉田素庵の叔父で、幕医。相当の医学者で、また名医であった。『古今医案』という書を著わし、惺窩はその序を作っている(『惺窩先生文集』巻七)。それによれば、惺窩は彼を主治医の如くして恩恵を蒙ったことが知られる。門人であり、また友人ともいうべき存在であった。慶長五年四月歿。

吉田如見

(十二)吉田如見(一五八四—一六三二)　名は宗達、如見は号。意庵の子で幕医であった。

永田石蘊

(十三)永田石蘊　名は道慶、字は平庵、また平安に作る。通稱喜斎、石蘊は号。京都の人。紀州藩の藩儒。寛文年間歿、八十七歳。

四　市原に山荘を営む

慶長五年冬、僧承兌らと問答し、承兌が惺窩に再び仏に戻って対明勘合船の専対となることを勧めたのを拒絶したところにも窺えるように、惺窩はすでに出て仕えることなど念頭になかった。彼のこの隠君子的生き方を決定的にしたのが、慶長十年、夏秋の交、京都北郊市原の里に山荘を営んだことである。

市原は鞍馬連山の麓、賀茂川の上流の鞍馬川に臨む閑静境で、今は京福電鉄鞍馬線市原駅があり、京都市北区に属する町である。

惺窩は長らく相国寺で修業し、そのゆかりで後半も相国寺の東隣に住居しており、市原には相国寺の保養所のようなものがあったというから、そういう関係でここに山荘を営んだのであろう。

山荘を営んだ時期は、『惺窩先生文集』巻十一の羅山宛の慶長十年（乙巳）と見られると

市原の里（京都市左京区）

ころに（このあたり乙巳二月二十七日以降は、ただ「又」とあるものが、ずっと続いており、はっきりしたことはわからないが、巻十二の同じ羅山宛の書翰の慶長十二年（丁未）正月の前にあるので、遅く見積もっても十一年は降らない）、大意は、

中秋に漸く近くなりました。御好意のお招きを頂き感謝に堪えません。しかし貧者の私の住居の建築もまさに完成しようとしています。そこで大工が費用を要求して来ます。

という手紙に徴しても、慶長十年の八月ごろと見てよいのではなかろうか。この山荘はすこぶる惺窩の心に適（かな）ったと見えて、以下のような詩歌を残している。

残生、豈（あに）待タン幾回ノ秋、

市原見取図

佳節、月前、宣髪ノ頭（しらが交りの頭）。
清影、転ズル時、心亦タ転ズ、
四山ノ光ハ一川ノ流レヲ帯ブ。（「甲寅―慶長十九年―中秋市原看レ月」『惺窩先生文集』巻五）

青山高ク聳ユ白雲ノ辺。
仄（ほの）カニ樵歌（きこりの歌）ヲ聴イテ世縁ヲ忘ル。
意（こころ）足リテ糸竹ノ楽シミヲ求メズ、
幽禽、睡リ熟ス碧巌（苔むした岩）ノ前。（「山居」、同上）

八景の和歌

和歌はその景の勝れているもの八つを選び、飛鳥潭、手月磧、朽斧松、巌牆水、北肉峯、流六渓、洗蜜科、枕流洞と命名して、それぞれ歌も添えている。一例をあげれば、

飛鳥潭
とぶ鳥の明日（あす）かとえやはいひあへん　けふのふち瀬のながれての世を

手月磧
いく世たれ雲のよそにやながむらむ　わがてにむすぶ水の月かげ

枕流洞

うたたねの枕ながるるみづ草の　みどりの洞は春秋もなし

これらは終りの枕流洞を除いて、みなすこぶる観念に落して実感に遠いものであるが、これは室町期の歌風を汲んだものであり、彼の和歌については後に述べる。

市原山荘と王維の輞川別業

ところで、これら八景は、八の数こそわが国の近江八景、金沢八景の雛型となった中国の瀟湘(しょうしょう)八景に似ているが、その内容は王維の輞川(もうせん)二十景あたりにヒントを得たものかと思われる。華子岡、斤竹嶺、木蘭柴、宮槐柏、臨湖亭、柳浪、欒家瀬、金屑泉、白石灘、辛夷塢等の王維『輞川集』の名を一見すれば、類の近いことが想像されよう。もとより王維は尚書右丞(しょうしょゆうじょう)という次官級の高官であり、その輞川の別荘も相当に広大なものであったので、無官の惺窩など、その規模において到底及ぶところではないとしても。

市原山荘跡（惺窩苑）

市原山荘の跡

惺窩の山荘は現在、市原、小字向山二十一番地に当り、老人ホーム市原寮の隣、やや南向きの台地にある。

邸跡は曾ては恵光寺の所有地であったが、現在は個人の所有に帰し、あずまや風の門に「惺窩荘」の扁額がかかり、手水鉢(ちょうず)などがあるばかりである。

この地で惺窩は心の赴くままの生活を楽しんだと思われるので、このあたりで彼の寛ろいだ生活面に関連して、彼の性格、人となり、愛好した学者・詩人に触れてみたい。

五　惺窩の性格と人となり

惺窩先生行状の描写

林羅山は「惺窩先生行状」のなかで、

> 先生、山水ヲ好ミ、花草ヲ愛ス。……性、酒ヲ嗜ム。然モ或イハ旬（十日）ヲ経テ唇ヲ沾(うるほ)サズ、或イハ痛飲ス。輒(すなは)チ酔ウモ乱レズ。常ニ往来雑遝(ざっとう)（雑踏）ヲ好マズ。然モ人ニ接シテ欣然トシテ則チ日ヲ竟(を)フルモ坐談已(や)メズ。或イハ来問スル者有レバ、其ノ人品ニ随ツテ以テ教誨ス。然モ鐘ヲ撞(つ)ク如ク、則チ或イハ小サク鳴リ、或イハ大キク鳴ル。先生出デズ、道益〻当時ニ高シ。先生能ク言ヒ、道益〻後世ニ行ハルル者カ。

と言っているものは、惺窩の人品をよくうつしている。

すなわち、酒を愛するもこれに溺れず、ことさらに人を避けるにあらず、人が来問す

れば、快くこれと坐談してやめず、その人の器量に応じて、これをよく教導している。奴輩の手落ちを許してこれを己に求めて、

奴輩往々ニシテ此ノ如キ者有リ、深く罪スル莫レ。言フ所ノ如キ、吾人不敬ノ廃、此ニ至ルノミ。自ラ一提醒スレバ、則チ是レ亦日用学中ノ一事ナリ。（「与二林道春一」『惺窩先生文集』巻十一）

と言い、また、

凡ソ余、読書ヲ足下ニ勧ムル者ハ、必ズ足下ノ為ノミニ非ズ。善ヲ見テ喜ビ、悪ヲ見テ憂フル者ハ、区々ノ愚僻ナリ、百事灰冷ナルモ、唯此ノ一事、未ダ忘レ了ル能ハズ。（「与二林道春一」、同前）

といって、弟子とともに修養に努めたところに、教育者としての惺窩の風光をよく表わしている。

菅得庵は「続惺窩文集序」において、市原山荘をめぐる惺窩の生活態度を描いて、

淵明ノ帰リ去ランノ志ヲ慕ヒ、官禄ヲ謝シ、清閑ニ甘ンズ。晩年、市原ノ山荘ニ棲遅（あそび息う）シ、情ヲ丘壑ニ恣ニシ、考槃（世を避け己の思うままに楽しむ）ヲ澗谷（谷川）ノ間ニ歌ヒ、七境地ノ倭歌ヲ吟詠シ、其ノ安ンズルヲ安ンジ、其ノ徳ヲ徳トシ、

菅得庵描く所の惺窩の山荘

其ノ楽シミヲ楽シム。所謂（いはゆる）隠居シテ以テ其ノ志ヲ求メ、義ヲ行ツテ以テ其ノ道ヲ達ス。吾、先生ニ於テ之ヲ見ル。……生涯清貧ニシテ物無ク、居ル所、環堵（廻りの垣）、松棚竹籬、蕭然たる小把茅ノミ。

といっているものは、惺窩が自然の懐に分け入ることによって造化の愛（化育）の思いを篤くし、清貧に甘んずる詩人的・隠君子的側面を描き尽している。

彼は修養と相まって剛峭潔癖の性格を和らげ、その包容力を増して行ったと思われるので、彼が固陋一偏な道学先生でなかったことは、玩物喪志を戒めながら、よい意味の芸に遊ぶ余裕を否定するものではなく、彼自身詩歌を嗜み、連歌を好んだ事実がこれを証している。

祝髪（断髪）ノ徒ハ、十徳ヲ衣（き）ル可シ。蓄髪ノ人ハ、袴・肩絹ヲ著ル可シ。是レ亦我ガ邦ノ俗礼、百行ノ一ナリ。（「講筵矜式」『惺窩先生文集』巻九）

といって邦俗を重んずるところにも、彼の固陋を去り、融通を採る精神を直截に見るべきである。なお彼が倭謌集において、「寄虫忍恋　代人」「寄鳥恋　代人」（『惺窩先生倭謌集』巻四）等の作をなしていることは、彼が和歌の家の出であり、和歌においては、この種の歌も必ずしも珍しくなかった事実を離れても、惺窩の人となりを考えるものの見逃すべからざるところであろう。また彼がユーモアを解したことは、『惺窩先生文集』巻四の「長嘯子霊山亭看花戯賦」、『惺窩先生倭謌集』巻四雑部の数首の狂歌・俳諧歌の類の示すところである。

慶安四年、後光明天皇御製「惺窩先生文集序」に惺窩を評して「寛仁大度の君子」とあるものも、以上の意味において拝せられる。要するに惺窩は単純な学人ではなかったので、穏健なる学者であるとともに、同時に篤実な教育者であり、また一面孤高を愛する詩人でもあった。この学者・詩人・教育者をうって一丸とするところに、惺窩の渾然たる一大人格があったので、文芸復興期の黎明に臨む惺窩の意義も、ここに求められなければならない。

詩歌に顕われたる惺窩の性格

以上の惺窩の人柄・人格を、なお彼自身の詩歌や言葉によって見よう。

我ガ性、関セズ、間ト忙ト。
山林城市、又何ゾ妨ゲン。
春来、忽チ風光ノ触ルルヲ被レバ、
鳥歌ト作（な）リ蝶狂ト作ル。（「元旦　試筆」『惺窩先生文集』巻二）

佳期酔フニ在リテ酒ハ量無シ、
栄辱升沈、一場ヲ笑フ。
和スル者ハ養生シテ斉物（物の差等にこだわらぬこと、『荘子』「斉物篇」による）ヲ勁クシ、
春風満面、気、荘（荘子）ヲ呑ム。（「自酌」、同上）

これらは、ある意味では荘子や陶淵明に通ずる、物事にこだわらぬ寛度悠揚たる性格を示すものであろう。

こういう性格であるから、堅苦しい道学先生的な一辺倒の人物ではなかったので、書物についても、

書物に対する態度

異書ハ先哲ノ戒ムル所、然レドモ亦、彼ノ崖略ヲ知レバ、則チ其ノ術中ニ堕チズ。又、学者知ル可キ者在ル有ランカ。（「与二林道春一」『惺窩先生文集』巻十二）

大抵、四六文辞等ハ、道学ニ志ス者ノ必トスル所ニ非ズト雖モ、古今ノ変、亦焉ニ因ル。知ル可シ物ヲ翫ビ志ヲ喪フニ非ザルヲ。（「与二林道春一」、同上）

書史全一、補闕一、亦タ復タ博洽（広く学問に通じる）ニ備フ。此等ノ書、正学ニ益無キ若シト雖モ、又、遊芸ノ一ナリ。（「与二林道春一」、同上）

此ノ字解ヲ見ルニハ、則チ漢唐訓詁ノ学モ亦、一タビ渉猟セザル可カラザル者ナリ。

（「与ニ林道春一」、同上）

諸子ノ純駁ヲ知ラズシテ、豈聖賢ノ書ヲ知ランヤ。文詞ヲ弄ブ者、亦タ古書ノ一見セザル可カラザルヲ以テ、一挙両得ス。（「寄ニ林三郎一」『惺窩文集』巻三）

等と言って、異端の書や雑書、文芸書等をも捨てず、その上に広い教養と信念を樹立しようとしたのである。

ここに彼の何よりも広い大らかな性格と学的態度を見なければならない。

洒落

以上の寛宏にして物事にこだわらぬ性格と人生観は、惺窩においては「洒落」の語において要約される観があるので、彼はよくこの語を口にした。

洒落という詞は、『書言故事』に、宋の周茂叔（濂渓）を評して、「人品甚ダ高ク、胸中洒落、光風霽月ノ如シ」といっているところにも窺われるように、程朱学の先輩で、「愛蓮の説」を以ても有名な周濂渓を評した言葉で、朱子の先生の李延平も平生深く周濂渓を慕って洒落の二字を挙揚したと『惺窩先生文集』巻十一の、林道春に与えた書翰に二カ所見えるほか、王陽明の詩についても「洒落愛すべし」と言い（同上）、また、宋の陸象山（諡は文安）についても、「陸文安公、天資高明、措辞渾浩洒落、自得の妙、亦掩ふべからず」(「与二林道春一」『惺窩先生文集』巻十二)といっているので、学派や流派にこだわらず(ここにも惺窩の広い心と立場がうかがえる)、主として人柄や心の高朗でさっぱりしていることを讃えるものと思われる。

日本の洒落との相違

日本ではこの語を専ら江戸時代に「しゃれ」の意味に使っているが、惺窩のそれは、もっと深い人間性や心に根ざしたある高朗洒脱な気品を意味したようである。そういえば、権勢や官位に誘惑されず、山林風月の間に遊んで、広い学的立場に立って心の自由を追い求めた惺窩の人となりに、この語ほどぴったりするものはないと言えよう。

読書家・愛書家

学問を愛好し、求知心に燃えた惺窩が非常な読書家・愛書家であったことは、彼と門弟その他の手紙の内容が、当時はまだ入手困難であった書物の借り貸しが大部分であること、後に触れる『文章達徳録』のような百科全書的文学概説書を編纂していることでも想像されるが、彼自身、「拙は書に饑渇する者なり」(「与二某人一」『惺窩先生文集』巻十二)といっているところにも明らかであろう。これは学人として当然といえば、むしろ当然であるが。

出処進退と義気

次に彼の人となりで、ぜひ触れておかなければならないのは、出処進退を重んじ、一片の義気の磨滅すべからざるものがあったことである。

門人武田道安（号夕佳）のために作って与えた「夕佳楼小説」（『惺窩先生文集』巻七）において、昔の禅林の巨擘（きょはく）（大人物）が、陶淵明の詩句に添えるのに趙孟頫（ちょうもうふ）（字は子昂、号松雪道人、宋の王室の後裔で、のち元に仕えた。詩書画に秀でた）の書画を以てしたのを評して、

余ヲ以テ之ヲ見ルニ、松雪ノ靖節（陶淵明）ニ於ケル、出処天淵（天と淵ほどの差）タリ。有志ノ士、遺憾無キニ非ズ。……出処ハ人ノ大節ナリ。後ノ見ル者、豈、敬マザル可ケンヤ。

と言い、宋末、元に最後まで抵抗してこれに屈しなかった文天祥（信国公）の正気歌と、謝（しゃ）枋得（ぼうとく）（号畳山）の文を激賞して、「義気、古今遠近の間なきもの、観るべし」（「与二林道春一」『惺窩先生文集』巻十二）といっているものは、惺窩の洒落が大らかに何でも許して包むようなものではなく、うちに凜然たるものを蔵していたことを忘れてはならない。

この面で連想されるのは、家康が略服で『大学』の講義に出席したのに対し書を講じなかった如き（『明良洪範』巻二）、小早川秀秋（豊臣金吾）の乱暴を戒めた如き（「惺窩先生行状」）、窓外の蜂を殺そうとした肖推寺某（種村柿稊、蔵書家）と交りを絶った如き（同行状）話柄であって、いずれも彼の軽々しく妥協せず信念に従う剛峭孤高の態度と性格を物語るものであろう。

剛峭孤高

惺窩が家康の器量を知りながら、遂に進んで仕えることをせず、門弟の羅山を以てこれに当てたのも、つくづく思えば、彼が深く敬愛し長くその扶養をうけた赤松広道に自尽を敢て与えた家康に対して、すこぶるあき足らぬものがあり、広通に対する義気を通したためではあるまいか。

洒落と義気

要するに、洒落と義気のこの二つは、惺窩の人となりを形成する二大支柱であって、その一を欠けば、惺窩の人間像は全きを得ないと考えるものである。

以上の人となりから、惺窩の敬愛した学者・詩人はおのずから導き出されて来るといえよう。

敬重した詩人

学者として惺窩が周濂渓、李延平、朱子を全面的に尊重したことは言うまでもないが、すでに多少とも触れたのでここには省略し、主として詩人について見ることとしよう。

惺窩が一番敬愛した詩人は陶淵明であったと思われる。それは淵明に関する詩文が数量的にも最も多い上に、これに対して非常な熱意を示していることでも想像される。以下数例をひいてみる。

羅山は「惺窩先生行状」の中で

先生常ニ彭沢（淵明）ノ人ト為リヲ慕フ。故ニ彭沢ノ小影ヲ古画セルニ、往々題賛ス。

と述べているように、淵明に題賛した詩文が数多く見られる上に、その賛美のし方も、

色ハ其ノ文章、香ハ其ノ徳、千載ノ人、千載ノ花。（「賛帰去来兮図」『惺窩先生文集』巻八）

といい、淵明の「此の中に真意有り、弁ぜんと欲して已に言を忘る」の詩句をひいて、上古の純真を讃えて、

是レ所謂上古ハ上古ニ在ラズシテ、時時即チ上古ナリ。喜怒ノ未ダ発セザル、一念ノ上古ナリ。鶏鳴ノ孜々（おこたらずつとめる）タル、一日ノ上古ナリ。……真、其ノ中ニ在リ、弁ゼント欲シテ言ヲ忘ル。真豈弁ズ可ケンヤ、道ノ中、一真有リ、天下、二理ナシ。（「題淵明畫軸并序」『惺窩先生文集』巻九）

と言い、上古の天真を心に保つことが、医の心得にも適うゆえんであるという人生観を披瀝し、後陽成天皇の御諮問に答えた和文（『惺窩先生倭謌集』巻五）の「隠居之事」では、

夫三径の下には有レ道、陋室之中には無二白丁一（白丁は無位無官の平民、官位に左右されぬ意）、東籬の下には松菊猶存、独楽の園には明月の時に至り清風自来。此時に徳ある者と、酒を挙て琴を弾じ、先生（昔の賢者）の道を論じ、天道一致の奥妙を心に得、天年を終る事、誰もねがはしき事なるべし。是を隠居といひて可乎歟。

といって、淵明の物事にこだわらず、天道と一致の心境を羨望している。しかしそれにも増して、先にも引いた「夕佳楼小説」において、趙松雪（孟頫）と比較して、淵明の出処進退に深い共感を示していることが、惺窩の淵明敬重の大きな理由であったろう。

また惺窩は、白楽天（香山はその号）に対して、非常な親近感を示している。羅山の「惺窩先生行状」に惺窩が門人那波活所（道円）が新たに『白氏文集』を出版したのを喜んで、一、二巻成る毎に待ち切れずまず取ってこれを見て、「我レ香山ノ詩文ヲ読ンデ、其ノ風流ヲ愛シ、偶爾（たまたま）是レ目下ヲ慰悦ス可シ」と言ったと伝え、「次二韻淵生山中即事一」（『惺窩先生文集』巻二）の詩においては、

褦襶（たいたい）（日光をさける日笠）世塵軽シ、
聞カズ城市ノ声ヲ。
此ノ中ニ長ク住ムコトヲ得、
水ヲ飲ムモ生ヲ肥ヤス可シ。

と詠じて、白楽天の洛陽に隠栖の詩、

眼下ニ衣食有リ、
耳辺ニ是非（うるさい批評）無シ。

貧ト富トヲ論ゼズ、
水ヲ飲ムモ亦応ニ肥ユベシ。（五律の「帰ニ履道宅一」の後半）

の詩の心をしかと踏んでいるところにも、平素いかに白楽天の詩に親しみ、共感を覚えていたかが知られよう。

また羅山に与えた書簡（慶長九年十月二日付、『惺窩先生文集』巻十）で、白楽天が教養のない愚夫愚婦老嫗にもわかる平易な詩を心がけたことに共感を示していることも、惺窩の庶民性を示すものとして注目される。その外、同じく羅山に与えた書簡において、「人生、口ヲ開イテ笑フニ逢ヒ難シ」というものは、白楽天の「蝸牛角上、何事ヲカ争フ。石火光中、此ノ身ヲ寄ス。富ニ随ヒ貧ニ随ツテ且ク歓楽セヨ、口ヲ開イテ笑ハザルハ是レ痴人」（「対酒」）の詩の磊落さに心をひかれていたことを示すものであろう。

杜甫

杜甫については、「暗水花径」の語をことさら愛し、詩にも和歌にもよんでいるし、杜甫の註釈書の入手に執心しているものが注意をひくので、杜甫の詩人としての力倆はもとより、その人となりにも共感するものがあったと見られる。

蘇東坡

蘇東坡については、東坡の詩の「識ラズ廬山ノ真面目。只、身ノ此ノ山中ニ在ルニ縁ル」を引くところがあるが、東波の達観的人生観は惺窩の推重するところであったろうと想像される。

以上の四詩人は、いずれも何らかの意味で惺窩の琴線に強く触れるところがあったので、惺窩の性格と人となりを間接的に立証するものといえよう。

惺窩の体質

なおこのあたりで、惺窩の体質について簡単に触れておくのも無駄ではあるまい。

中風になやむ

惺窩はあまり頑健な方ではなかったらしく、比較的早くから中風（風病）の気味があったことは、天正八年、惺窩二十歳の九月の日付のある「過ニ馬山ニ五首」の序の部分に、

予、嘗テ馬山（有馬温泉）ヲ過グルモノ数回、今茲（今年）ノ杪秋（秋の末）風病ヲ治スル為ニ、又此ノ地ニ到ル。留止スルモノ日有リ。（『惺窩先生文集』巻二）

とあるところでも知られる。

二十歳の頃、中風にかかるとは、ちょっと考えられぬことのように思うが、手足が多少しびれる程度のそれであったのであるまいか。ともあれ彼の詩文には風病のことが度々出てくる。『惺窩先生倭謌集』巻一には、「風のやまひにをかされし年の春」と詞書があって、

花にのみいとひなれこしかぜのなを　身にいたつきの春は来にけり

四十代後半から中風すすむ

とよんでおり、また同巻二には「風の病にあてられしとしの暮に」とあって、

かぜまじり涙のあめのあめまじり　かしらの雪のくるるとしかな

と、より一層苦しむ気持が歌われている。

これらはやや若い頃のものと思われるが、慶長十年二月頃の「与二林道春一」の手紙には、

予、右手麻木(まぼく)（しびれ）シテ、筆ヲ渉(うごか)スヲ得ズ。（『惺窩先生文集』巻十二）

と訴え、慶長十二年、四十七歳の「寄二林三郎一」の手紙（『惺窩文集』巻三）には、

拙（私）七月十日俄ニ中風、右半身遂ゲズ。今日ニ至ツテ竟(つひ)ニ廃人ト為(な)ル者ナリ。

といい、また別の羅山宛の手紙（同巻）では、

昨日数刻ノ清話慰慰。中ニ就イテ倭詩ノ和篇、早早欣幸鮮(すくな)カラズ。面謝ヲ待ツノミ。東行ノ文稿、之ヲ返ス。此ノ中、二荒山ノ記、余未ダ識ラザルノ事ナリ。之ヲ写サント欲スルモノ、則チ風手適(かな)ヒ難シ。万一足下ノ座下ニ小侍史（召使い）有ラバ、則チ之ニ命ジテ以テ一通ヲ賜エ。

などといっているので、手はしびれて利かなかったが、意識はしっかりしていたことが知られる。

惺窩がこのようにあまり頑健でなく、早くから中風の気味があり、四十代の半ばからは、それがかなり進行していたという身体上の事情が、一面、彼をして積極的に世に出て出仕せしめなかった理由の一部かも知れないと思われることを、ここに一言しておこう。

六　惺窩の交友関係

このあたりで惺窩の私的生活に関連して、彼の交友関係について述べておく。

まず彼の最も親しかった友人としては、木下長嘯子に指を屈しなければならない。

㈠木下長嘯子（ちょうしょうし）（一五六九―一六四九）　本名は勝俊（かつとし）、長嘯子は京都東山の麓霊山（りょうぜん）に閑居してからの号で、別に挙白堂、天哉、松洞等と号した。豊臣秀吉の北政所の兄の嫡男。天正十一年、十九歳で播州竜野城主となり、文禄の役には名護屋城にあった。文禄三年、二十六歳で若狭小浜城主となった。関ケ原の役の後、家康に領地を奪われ、慶長五年、三十二歳以後は霊山に隠栖、剃髪して風月を友とし、惺窩とも意気投合するものがあって、しばしば相往来し、詩歌の贈答を行った。歌集に『挙白集』があり、二条派の家風を遵守する師の細川幽斎を乗り超えて革新的詠風が隠見する。

往復の贈答歌は枚挙にいとまないほどであるが、『惺窩先生文集』巻四の「長嘯子、霊山亭看レ花戯賦」という詩において、

君ハ是レ花ヲ護リ、花ハ君ヲ護ル。
花有リテ此ノ地、久シク君ヲ留ム。
門ニ入リテ先ヅ問フ、花恙無キヤト。
道(い)フ莫(なか)レ、花ヲ先ニシテ更ニ君ヲ後ニスト。

と、諧謔をまじえているところからしても、いかに両者は裃(かみしも)をつけぬ心相許す仲であったかが知られよう。

また和歌一首をあげれば、『惺窩先生倭謌集』巻五所載の「長嘯子につかはしける詞」という長文の結びに、

君がすむ山の田ぶせにふせいほを　我もむすばな契りたがふな夢

とあるに見ても、いわゆる心の友であったと言ってよかろう。
したがって、惺窩の死に当って、長嘯子は長い弔文（『惺窩文集』続巻三）をしたため、

あまつぼしやよ身は苔の下ながら　うづもれぬ名といづれたかけん

と結んで、愛惜の限りを尽している。

㈡赤松広通と姜沆については、既に詳しく触れたので、今は省略する。

㈢賀古宗隆は、事蹟未詳であるが、惺窩の既に引いた「悼赤松氏三十首」に、「彼旧き友なりし宗隆のもとにつかはしける 云々」とあるに依って、惺窩とは古くからの識りあいの仲であったことが知られる。

惺窩の文集には宗隆に関する詩文が多く収録されている。宗隆の書いた神代巻に惺窩が頭書して与えたことは『惺窩先生倭謌集』巻五に見えている。『続武家閑談』巻二十によれば、御右筆の賀古豊前守成とある。

なお、高野辰之博士所蔵の惺窩自筆の「神代紀」(二十四枚)の裏文書はすべて宗隆から惺窩に宛てた書簡であって、これにより次のことが知られる。すなわち赤松広通とも同国熟知の間柄で、武家の某中納言に仕え、京都か伏見近くに住んでおり、相国寺東隣に住む惺窩とは絶えず書信を交換し、木下長嘯子のもとにも出入りしていたこと、惺窩との間には国書漢籍の貸借がしばしば行われていたことなどである(高野辰之博士『古文学踏査』「藤原惺窩の神代紀改修」参考)。

要するに宗隆は好学の士であって、とりわけ国書の方面に深く、惺窩とは同郷のことでもあり、極めて親密であった。なお長嘯子と賀古宗隆は、後で触れる吉田意庵などとともに、惺窩にとって経済的援助者でもあったと見られる。

(四)大村由己は梅庵老人と称し、『天正記』及び『聚落行幸記』の著者。秀吉に近侍し、当時外典(漢籍)第一の人と称された博学の人。惺窩とは時に詩の応酬、次韻等をしているが、「次ニ韻梅庵由己ニ」并序」(『惺窩先生文集』巻三)で、

因ツテ始メテ悟ル、今時ノ詩ハ、小巧浅露ニシテ、多ク用事(故事)・属対(対句)ヲ為シテ索強スル所、優游迫ラザルノ体ヲ失ヒ、卻ツテ謂フ、古人ノ詩ハ甚シク工ナラズト。蓋シ氷ニ鏤ムル(労シテ功なきたとえ)文章ノ工巧タルヲ知ツテ、氷ニ著ク塩味ノ密蔵ナルヲ知ラザル者ナルカ。蒙荘(荘子)ノ言ニ云ク、日ニ一竅(穴)ヲ鑿チ、七日ニシテ混沌死スト(あまりこまかく手を加えると生命が滅びるの意)。詩ニ於テモ亦、斯ノ如キカ。

という、すこぶる注目すべき詩観を披瀝して、結びの詩に「翁ノ如キハ真箇ニ是レ心ノ朋」といっているほどの仲であったことが知られる。

(五)中院通勝は通為の子、権中納言侍従正三位に累進し、天正八年正月、官を辞し、のちに帝の旨にたがい、出奔して丹後の国に潜居、薙髪して素然と称し、也足軒と号した。

丹後の田辺城（現、京都府舞鶴市）で細川幽斎に古今和歌集の伝及び歌道の秘奥を学び、また長嘯子とも交際があった。慶長四年赦されて帰京し、慶長十五年（一六一〇）五十三歳で死んだ。『和歌鈔』若干巻、『岷江入楚』五十五巻の著がある。惺窩に「也足軒に和答してをくりける哥三十一首」があって『惺窩先生倭謌集』巻三に見える。

松永貞徳

(六)松永貞徳　有名な連歌師また俳人、幼名勝熊。京都に生れ、逍遥軒、明心居士等と号した。承応二年（一六五三）歿、八十三歳。彼の父永種と惺窩の父為純とは従兄弟の間柄であり（上甲幹一氏「松永貞徳の家系問題新考」『文学』第五巻一一号）、その子昌三（尺五）は惺窩の高弟であったところから、惺窩とは密接な交際があった。惺窩は、貞徳が母の死をいたく悲しんだ詩に対して、ねんごろな詩を贈り（「書二逍遙老人詩後一」『惺窩先生文集』巻五）、貞徳も惺窩の死を悲しんで懇篤な和文を寄せ（『惺窩文集』続巻三）、その中で、

凡今の世にあらゆる文、みのこしたまふはすくなかるべし。……誰いひそめしことなく、いにしへの人とても、吾くにに出たまひし中には、此人のさえのかみにたたむことかたかるべしとなむもてあつかひける。

と讃えている。

吉田意庵

(七)吉田意庵　名は宗洵、意庵はその号、また意安に作り、また玄子と号す。土木疎水

事業に名のあった角倉（すみのくら）（吉田）了以の弟で、前出の吉田素庵の叔父。幕医で、惺窩の主治医的存在で、惺窩とは友人であり、かつ弟子の関係にあった。惺窩は彼のため「古今医案序」を書いている。惺窩自筆のこの稿は旧安田文庫に蔵せられており、川瀬一馬氏は『日本書誌学之研究』の中でこれを紹介されている。

(八)浅野幸長（よしなが）　字は長慶、長政の子。幼より豊臣秀吉に近侍し、小田原城攻めに功あり、朝鮮の役にはしばしば奮戦。関ケ原の役では、石田三成と善くなかったので、徳川方につき、のち紀州和歌山三十七万石の城主となり、慶長十八年、三十八歳で歿した。惺窩を敬し、慶長十一年秋、惺窩四十六歳の時以来、毎年和歌山に招じ、儒学を聴き、惺窩とは友人と門弟を併せた関係であった。

惺窩は彼のために長文の「重建ニ和歌浦菅神廟一碑銘 并序」（『惺窩先生文集』巻八）を書き、彼が儒学を学び、善政を布いていることを讃え、儒学に深かった菅原道真の神廟がやがて他日、この地の聖廟となるのであろうと述べている。羅山の「惺窩先生行状」には、「太守ノ為ニ経書要語三十件許（ばかり）ヲ抄シ、倭字ノ註解ヲ添ヘ、一小冊ト為ス」と言っているものが『寸鉄録』であろうと思われることは、「惺窩の著述」の項で触れる。

なお『惺窩先生倭謌集』巻三には、「浅野紀伊守幸長身まかりける時」と題して、

たが為のよはひをのべてあきかぜや　吹上のきくのいろもうらめし

なき人のかへりくる身のなにしおはば　うへし木末やかげとたのまむ

を含めて十二首をよんで、哀悼の誠を尽している。

その他の友人

この外、桃花庵（焉耳翁）、承章禅師（号鳳林、鹿苑寺の僧、『隔蓂記』の著者）、周丹首座（相国寺の僧）、幻庵上人（相国寺の僧）等も惺窩の親しい方外の友人であったようである。

第五　悠々自適の晩年

一　学徳と上下の信頼

京都に学校を設けその祭酒に擬せられしも実現せず

惺窩の晩年を一応その五十歳代とすれば、この期でやや目立つことと言えば、慶長十一年（一六〇六）秋以来、その招聘により、冬往き春帰るを常としていた紀州和歌山の城主、浅野幸長が慶長十八年八月、三十八歳で歿したので、惺窩は往いてこれを弔し、太守の歯骨を高野山に埋めたこと――この年の十二月、天主教厳禁される――、翌十九年春、林羅山の建議に依って学校を京都に設け、惺窩はその祭酒（長官または校長）に擬せられたが、十一月、大坂冬の陣が起り果さず、翌元和元年（一六一五）四月、大坂夏の陣が起り、五月には豊臣氏の滅亡を見たことであった。翌元和二年、惺窩五十六歳の四月、家康の死によって、羅山の計画も日の目を見ることがなかった。もっとも惺窩自身、赤松広通のことで、あまり家康に好意を寄せていなかったので、惺窩がこれを素直に受けたかどうかは、彼自身の健康状態もあり、すこぶる疑問であったといわなければならない。

道を聴く大名相つぐ

この間、惺窩の学問と人となりを慕って、これに就いて学んだ門人以外、大名でも、浅野幸長の外、戸田氏鉄（美濃大垣城主）、細川忠利（忠興の第二子、元和中、越中守、寛永九年、肥後熊本城主）、浅野長重（常陸真壁城主）、加藤清正（肥後熊本城主、『明良洪範』巻三に、惺窩に就いて論語を究むの記事あり。慶長十六年六月歿、五十一歳）、増田長盛（大和郡山城主、徳川義親氏所蔵、惺窩書簡『大日本史料』第十二編の三十所引参考）、永井尚政（山城淀城主、『望海毎談』参考）、直江兼続（初め上杉氏の家臣・米沢城主、のち同氏移封にともない家老となる）なども惺窩の教を聴き、御家人でも城昌茂（和泉守、号半俗庵）、小畑孫一郎、戸田為春（号斥鷃）、曾我丹波のような人もあったので、惺窩の生活はこれらの人々の贈物によって支えられていたであろう。

後陽成天皇のために十条を奏す

さらに一言しておくべきは、後陽成天皇も惺窩に道を聴かれておられるので、『惺窩先生倭謌集』巻五の巻末に、君臣之事、父子之事、夫婦之事、兄弟之事、朋友之事、嫡子幷庶子之事、女子之事、妾婦之事、交隣国之事、隠居之事の十条は、天皇が中使を以て密かに院宣を伝えられたのに応え奉ったもので、以て惺窩の隠然たる声望のほどを知るに足ろう。

なお後光明天皇が『惺窩先生文集』の序を賜わっていることも（慶安四年九月の日付がある）、ここに附記しておこう。

刊本

二　惺窩の著述

惺窩はいわゆる述べて作らなかったためか、あるいはまた時代が啓蒙期に属し、雄渾なる著作を成すまでに思索が熟さなかったためか、その名声の割には必ずしも著述に富むものではなかったが、非常に視野が広く、その先駆者的役割は没すべからざるものがある。

(一)　詩文集類

惺窩先生文集　刊本　藤原為経編

惺窩文集　刊本　正編林羅山編、続編菅得庵編

惺窩先生詞集（『惺窩先生文集』所収）

倭文二篇（『扶桑拾葉集』巻二十七所収）

(二)　儒書抄解類

寸鉄録（仮名注本）　刊本

逐鹿評（一名大学要略）　刊本

(三)　儒書抜萃類

寸鉄録（旧子爵冷泉家所蔵本）　写本

(四)　詩文話編輯類

文章達徳録（所在不明）　　文章達徳綱領　刊本

(五) 断片類

明国講和使に対する質疑草稿　自筆稿本　　姜沆筆談　自筆稿本

朝鮮役捕虜との筆談　自筆稿本　　南航日記残簡　自筆稿本

(六) 儒書参考文献類

惺窩問答（『羅山林先生文集』巻三十二所収）

(七) 儒書訓点類

四　書（所在不明）　　四書大全頭書（？）

新板五経（後人、惺窩の訓に依るというもの）　刊本

(八) 国学関係のもの

日本書紀神代巻（改修本、自筆草稿）　　万葉集（訓点本、所在不明）

土佐日記（妙寿院本）

(九) 諸書に惺窩の著述とするも真偽疑わしきもの

仮名性理（別名千代茂登草）　刊本　　経書和字訓解

列子点　　職原鈔頭書

以上のうち、断片的のものはこれまでに既に触れたし、儒書訓点類と、諸書に惺窩の著述とするも真偽疑わしきものは論証が煩わしくなるので、今は国民精神文化研究所刊の『藤原惺窩集』上巻（昭和十三年刊）・下巻（昭和十四年刊）（ともに昭和五十三年、思文閣出版より復刻版が出ている）の筆者の解題に譲ってここには省略し、惺窩を考察する上での基礎的著書について、以下に解説しておこう。

惺窩先生文集

イ　『惺窩先生文集』　十八巻

惺窩の文集は従来刊本二種あり、一は『惺窩先生文集』であり、他の一は『惺窩文集』である。前者は文集十二巻、和歌集五巻、別に首巻一巻より成り、惺窩の曾孫藤原為経編、徳川光圀校にかかわり、後者は羅山編輯の正編五巻と菅得庵編輯の続編三巻から成る。両者ともに刊記はないが、前者は為経の享保二年端午之日の「重修惺窩先生文集跋」があるところから見れば、ほぼ享保二年の頃に成立し、後者は道春編の正編に寛永四年（春正月）の堀杏庵の序、同年六月の林東舟の跋があり、菅得庵の続編に寛永四年（橘之余月惹来之日）の序があるところから考えて、だいたい寛永四年に刊行されたものと見てよかろう。

編纂の由来と経緯

『惺窩先生文集』は為経の跋によっても明瞭であるように、羅山及び得庵の編纂にかか

惺窩先生文集巻之一
従四位上行右近衛権中将藤原為経編
参議従三位行右近衛権中将源光圀校
五言絶句
和風堂　應上田宗古求
和風吹萬物。物自不曾知。是故有生意。三春貫四時。
春日偶成
山寺欲斜陽。庭前花自芳。一身蜂與蝶。醒亦

『惺窩先生文集』（刊本）

る『惺窩文集』にはあきたらぬものがあり、その不備を補正する意図のもとに、光圀の援助を得て作成されたので、大体において『惺窩文集』より信用すべきであり、事実、量的に見ても、文において数篇、詩において百余篇、歌において百数首を増補し、より完成されたものであるが、中には『惺窩先生文集』に洩れていて『惺窩文集』に収録されているものも多少ある。羅山宛の惺窩の書簡がその大部分を占める。昭和十三年刊行の国民精神文化研究所刊行の『藤原惺窩集』上巻は、『惺窩先生文集』を底本として、『惺窩文集』との異同を傍記し、巻末に『惺窩文集』にのみあるものを添えているので、便利である。

惺窩の実子で冷泉（下冷泉）家を継いだ藤原為景が、林・菅両氏編にかかわる『惺窩文集』の字句の脱誤遺漏を心配して、惺窩の手筆遺稿の類を整理し、この改訂を志したことは、「重修惺窩先生文集跋」「藤原為景朝臣遺文」（写本藤原為景詩集と共に一冊となっている。

旧子爵冷泉家所蔵)、「題惺窩先生集後」(『羅山林先生文集』巻五十二)、「答羽林藤原為景書」(『常山文集』巻十八)等によって明らかである。

為景編の惺窩の文集がいかなるものであったかは、「藤原為景朝臣遺文」(寛永十六年に為景が改訂惺窩文集のために、堀杏庵の校閲を求めたもの。『大日本史料』第十二編之三十一所引)によれば、全十五巻、うち和歌部五巻は分って別帙とし、木下長嘯子に品さだめさせたもので、新たに景仰の意を表わすために、書名に先生の二字を加え、石川丈山、松永尺五、野間三竹等と評論校訂して、杏庵の校閲を仰いだことが知られる。羅山の「題惺窩先生集後」によれば、羅山は為景に跋を求められ、寛永二十一年にこれを書き送ったことが知られ、光圀の「答羽林藤原為景書」によれば、為景が惺窩の遺文十巻を光圀に寄せて校正を求めたことがうかがえる。なお『惺窩先生倭謌集』の為景の序に拠れば、「真名(漢字)は道春と共にはかり、仮名は西山前少将入道(光圀)にとぶらひ、公軌をして写さしめ」たことがわかる。それればかりではない、慶安四年には後光明天皇の御製の序を賜わり、寛文十一年すでに版行するばかりになっていたのであるが、不幸にもその副本もろとも火災の難にあってしまった(「重修惺窩先生文集跋」)。そこで、為景の孫為経が苦心奔走して、遺稿を以て林・菅二氏編の『惺窩文集』と参考増補すること数十年の末、光圀の援助を得て、詩文十二巻、倭歌倭文五巻、首巻一巻として、ようやく版行することができたのである。

今、『惺窩先生文集』の体裁を見ると、巻首に後光明天皇の「御製惺窩文集序」を掲げ、次に為経の「惺窩先生系譜略」、羅山の「惺窩先生行状」、姜沆の「是尚記」、「惺斎記」をあげ、終に為経の「重修惺窩先生文集跋」、並びに凡例、目録を載せている。文集そのものは、巻一は五絶、巻二から巻五まで七絶、巻六は五律・七律・五言古風・七言古風・五七言・聯句、巻七は説・解・序・跋・記、巻八は銘・賛・雑著、巻九は雑著、巻十から巻十二まで書簡となり、倭謌集は、巻頭に為景の寛永二十年九月の序を置き、巻一春・夏、巻二秋・冬、巻三別離・哀傷、巻四恋・雑、巻五倭文の各部分に分かれている。

以上の分類によっても明らかなように、一応各ジャンルにわたり、林・菅両氏編の『惺窩文集』に較べれば、すこぶる整理されているといわなければならない。

現在冷泉家には『惺窩先生文集』の稿本と見られる為経自筆（?）の写本が伝えられているが、巻頭に「御製惺窩文集序」、凡例並びに目録あるのみで、文集そのものは僅かに五巻という全くの稿本である。なお同家に伝えられている惺窩自筆の草稿の断片数種と刊本の詩文とを比較すると、時には些少の異同があるので、『惺窩文集』がそうであるように、『惺窩先生文集』もまた編纂者の多少の修正はこれを認めなければならないであろう。

なお『惺窩先生文集』の倭歌の部は、詩文集とは別箇に写本として伝えられるものがあり、また倭謌集を除いた『惺窩先生文集』は『続々群書類従』第十三詩文部に、『惺窩先生倭謌集』は同第十四歌文部に、「惺窩先生行状」は同第三史伝部にそれぞれ収録されていることを附言しておく。

惺窩文集編纂刊行の経緯

ロ　『惺窩文集』八巻

まず『惺窩文集』成立の由来について一言しよう。堀杏庵の「惺窩文集序」に、

是ヨリ先、羅浮林子、遺文残藁（こう）ヲ集メ、之ヲ世ニ伝エント欲ス。官事盬（おろそか）ナル無ク、志有レドモ果サズ、菅玄同氏、羅浮子ノ志ヲ継ギ、其ノ元本ニ拠リ手自ラ輯録シ、且ツ其ノ遺稿ヲ補ヒ、名ヅケテ惺窩文集ト曰フ。（原漢文）

と言い、林東舟の「惺窩文集跋」に、

間者（ちかごろ）土師玄同、自ラ彼（か）ノ文集ヲ校シ、工ヲ鳩（あつ）メテ梓ニ刊ス。……玄同、家兄ニ請ウテ、先生ノ行状ヲ撰シ、又余ニ需（もと）メテ巻末ニ跋セシム。（原漢文）

と言い、菅得庵の「続惺窩文集序」に、

惺窩文集巻第一

羅浮山人林道春編集

絶句

新正与故人話 惺窩十四歳作

逆旅迎正懐友時微君誰慰野生涯夜闌相話

紗窓月半是評梅半是詩 神僧江春見之袁齋為

欽際景劉阮小祥忌綴蕪詞已助令嗣之

哀聊抒野情云 三首

不覚死生浮与休悉深唯見似忘憂今朝却泗

『惺窩文集』（刊本）

是ヨリ先、林羅浮子、藤斂夫先生ノ遺篇ヲ編纂シ、選ンデ五巻ト為ス。予竊ニ敬慕シ、其ノ闕漏ヲ補益シテ三巻ト為シ、亡慮題シテ惺窩文集ト曰フ。……而シテ阿叔（弟）聊トニ命ジ、以テ讐校シテ、梓人ニ授ク。（原漢文）

とあるのを見ると、惺窩の歿後、間もなく羅山によって編纂された五巻は、もとより遺漏を免れなかったので、その遺を補い、羅山の承諾を得て、これを板に上せたのは、全く菅得庵並びにその弟聊トの力であった。しかも、惺窩の遺稿はすでに散逸したものが多く、「続惺窩文集序」に拠れば、林・菅両氏の輯むるところも、「わずかに百中の四、五を得る」程度のものであった。

『惺窩文集』は「惺窩文集序」、「同跋」、「続惺窩文集序」のいずれもが寛永四年（一六二七）に成っているところを見ても、寛永四年には、すでに一切の準備が整って板行するまでになっていたが、翌五年六月、得庵の俄かの死に遭い、一時頓挫の厄に遭ったが、寛永二十一年（一六四四）までには菅聊卜の手に依って開板され、すでに世に行われていたことは、羅山の「題惺窩先生集後」に、「玄同……将ニ梓ニ鋟マントス。未ダ果サズ。暴ニ殊死ス。其ノ弟聊卜開板シテ、已ニ世ニ行ハル」とあるによっても明らかであろう。なお国会図書館には、「承応三甲午歳（一六五四）仲春吉日　二条通鶴屋町四条仁左衛門尉梓行」の刊記ある一本を蔵している。

その体裁

次に『惺窩文集』の体裁を見ると、羅山編の正編五巻は、巻首に「惺窩文集序」、「惺窩文集跋」、「惺窩先生行状」を載せ、巻一絶句・七律・五律・五古・五言小絶、巻二銘類・題賛類・四六・記・序、巻三・巻四書簡（巻四の後に天正十八年秋来朝の朝鮮国使山前（許箴之）の「柴立子説、贈蕣上人」をはじめ、朝鮮国使の惺窩に贈った詩数首、並びに姜沆の「文章達徳録序」が載せられている）、巻五和歌となっており、得庵の続編三巻は、巻一は「五事之難」を初め後陽成天皇の院宣により作進し奉った君臣之事以下の和文十章、巻二は和歌、巻三は羅山編に洩れた惺窩の詩文、姜沆の「是尚窩記」「五経跋」「惺斎記」の三篇、門下知友の追悼文となっていて、総体に『惺窩先生文集』に比してすこぶる雑然たるものといわなければならない。その上、門下知友の追悼文は論外としても、惺窩に贈与されたもので、もとより惺窩と多少の関係があるとはいえ、惺窩以外の人の詩文を何の断りもなく収録していることは、粗雑の譏りを免れない。しかしこれらのものも惺窩の人となりと学問を知る上には参考になろう。

ハ 『寸鉄録』二巻

寛永五年刊行。惺窩の編著に『寸鉄録』なるものがあったことは、惺窩の高弟菅得庵の「続惺窩文集序」に、

顧ミルニ寸鉄録、逐鹿抄若干紙、初学蒙昧ノ為メニ発揮シ、別ニ俗間ニ行ハル。(原漢文)

とあるのや、林羅山の著と伝えられる『梅村載筆』人巻に、

惺窩経書の語を三十余条ぬきて、仮名の註をして小冊子となし、寸鉄録と名づけり。此は禅家に寸鉄殺レ人といふ事を、曾子の守約にたとふる事、鶴林玉露にあり。

と見えているのでも知られよう。村井量令編の『群書備考』(文政十年(一八二七)成立)には、『硯北漫鈔』(撰者不明、写本、万治二年(一六五九)成立)に云うとして、これとほぼ同一の記事がある。

『梅村載筆』については、その人巻に羅山子曰、もしくは羅浮子曰と記すところが四箇所あり、もし本書が羅山の著であるならば、羅山子ないし羅浮子曰と断る必要はないと

考えられ、もしかく断わるならば、全部にわたって羅山子また羅浮子曰と記すべきであろう。そうだとするならば、上記四箇所の羅山の説が後世の竄入ないし補入であるとしない限り羅山をもって本書の著者とすることには、なお多少の疑問なきを得ないことになる。佐村八郎氏もその『国書解題』でこの点を主張し、結局林春信（梅洞）の著と見なしている。しかし羅山の第三子鵞峰（恕）の編にかかる羅山の編著書目（『羅山林先生集』附録）にすでに『梅村載筆』三巻をあげているのを見れば、一応本書を羅山の著と見なしておいてよいであろう。

以上、菅得庵と羅山の記事によって、惺窩の『寸鉄録』なる書は、経書の要語三十余条を抽いて、これに仮名の註を加えたものであることが知られる。

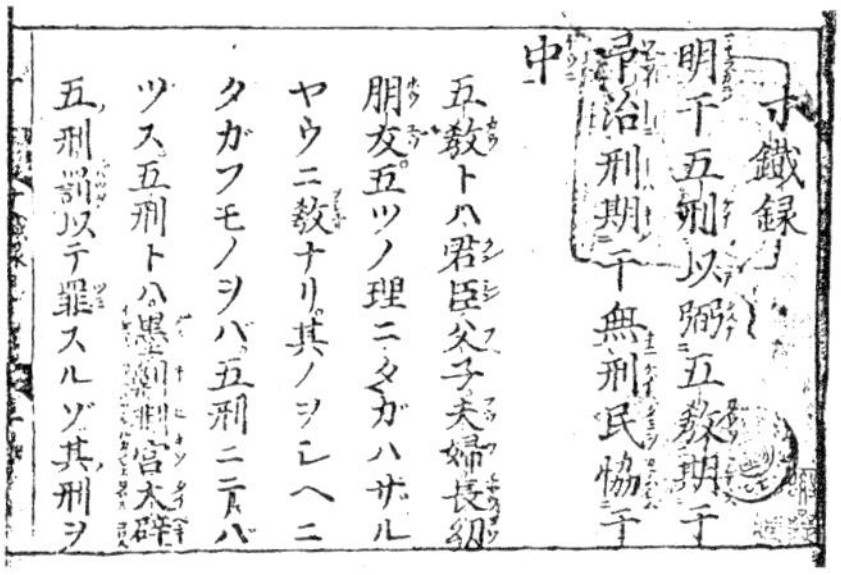

『寸　鉄　録』（刊本）

その内容

本書は経書（四書五経、とりわけ『書経』『論語』『孟子』が最も多い）の要語三十二条（上巻二十三条、下巻九条）を引き、これに仮名の註を施したもの。旧帝国図書館の目録には本書の著者を林忠（羅山）となし、また内閣文庫の目録も林羅山の著としているが、寛永五年の刊本そのものには編著者名を記していない。『近代名家著述目録』等の目録類には、羅山の著述の中に『寸鉄録』の名が見えているが、『羅山林先生集』附録、林鵞峰編の羅山の編著書目にはない。おそらくは羅山が本書の出版に尽すところがあり、その結果、羅山の著と誤まり伝えられたものではなかろうか。

羅山編の「惺窩先生行状」に、

此ノ歳(慶長十一年)先生、南紀ニ赴ク。蓋シ太守浅野幸長、之ヲ招クナリ。其ノ待ツ所、尤(もっと)モ謹シム。……太守ノ為メニ経書要語三十件許(ばかり)ヲ抄シ、倭字ノ註解ヲ添ヘテ、一小冊ト為シ、寘褚(しちょ)(たくわえる)ニ便ニシ、顧諟(こし)(心にとめる)ニ備フ。是レ為政ノ存心、資治ノ守約ナリ。太守甚ダ嘉ブ。

とある一冊子というのも、その内容よりすれば、本書を指したものとみなければならない。本書は修己より治人に至るまで、儒教一般のことに亘っているが、より治人(政治)的方面に力点があるもののようで、行状にいわゆる「為政之存心、資治之守約」というものに外ならない。そして行状の記事を信憑すれば、本書は惺窩が慶長十一年冬、紀州太守浅野幸長の招聘に応じて和歌山に赴いた時代に太守のために書かれたものである。『寸鉄録』と名づけたのは、『梅林載筆』も指摘しているように、禅家でいうところの寸鉄殺人底の要語であるの意で、本書はその名に背かず、簡潔のうちに儒教の本領を発揮するに足るものがある。そして惺窩の仮名の註は、だいたい朱子に依拠し、これを敷衍し、時に自分の見解を加えたものである。

二　『大学要略』（逐鹿評）　二巻

大学要略（逐鹿評）

寛永七年刊。宮内庁書陵部には本書とほとんど同一内容の写本一冊がある。しかも刊本もこの写本もともに著者名を明記していない。しかしながら惺窩の門人菅得庵の筆になる「続惺窩文集序」にすでに「顧ミルニ寸鉄録、逐鹿抄若干紙、初学蒙昧ノ為メニ発揮シテ、別ニ俗間ニ行ハル」といい、また『梅村載筆』人巻（『日本随筆大成』所収）に、惺窩が『寸鉄録』を作ったことを説いた箇所に続いて、

又大学の仮名抄をして逐鹿評と名づく、鹿を儒道にたとへたることを、鹿談とも、逐鹿評とも云、と林子にあり。（これとほぼ同一の記事、群書備考に見ゆ）

と見えていることは、この間に「逐鹿抄」と「逐鹿評」との差異はあるにしても、現在伝わる『大学』の抄解本である『逐鹿評』と照合して、惺窩の著と見なして差し支えなかろうと考える。

なお、『書籍目録』『近代名家著述目録』等に拠れば、山崎闇斎（一六一八―八二）の著書に「逐

大学要畧　逐鹿評上
在明明徳トハ明徳ハ君臣
父子夫婦長幼朋友ノ五
倫ノ五典ナリ上ノ明ニ
スルト云字明發教導ス
心アリ五典ニシタカハ
サルモノアルニヨリ刑
ト兵トアリ小事ニハ刑
大事ニハ兵ナリ
在親民トハ民ハ士農工商
ノ四民ノ四業也親ト云

『大学要略（逐鹿評）』（刊本）

鹿評」なるもの（未見）があると見えているが、本「逐鹿評」の刊行された寛永七年（一六三〇）は、あたかも闇斎十三歳、いまだ仏に帰依していた時に当るので、本書が闇斎の筆に成るとは、到底考えられない。

本書は上下二冊から成る。本文の『大学』は朱子の章句本を用いず、『礼記』所載の古本に拠っている。上巻の初頭において「在明明徳」「在親民」「在止至善」の朱子のいわゆる三綱領を主として説き、以下逐次全篇の抄解をなしている。

抄解に当っては、おおよそ林子の註説に依拠している。この林子が三教融合論者である明の林兆恩（字は懋勛、号竜江、また三教主人と称した。万暦二十六年（一五九八）歿、八十二歳）であり、その書が『四書標摘正義』（巻三「大学」、『林子全書』所収）であることは、『逐鹿評』に引用されている林子云の文によって知られる。『梅村載筆』地巻に、「四書摘要、大明林子撰、又逐鹿評共鹿譚共名づく」とある『四書摘要』は、『四書標摘正義』の誤りである。『逐鹿評』に林子云と明記せぬものでも、『四書標摘正義』

に依るものが少なくないので、その体裁のごときも大体これを襲用しているといっても過言ではない。

本書の傾向

朱子の説には必ずしも従わず、時にその不備を難ずるところもある。とりわけ『大学』の本文に関しては、朱子の衍文錯簡と断ずるものを排し、旧本に錯簡なき由を諸所で強調していることが注目される。

要するに本書は内容体裁ともに林兆恩の『四書標摘正義』に負うところが多く、時に朱説に対して不満の情を示すところさえあるので、このことは惺窩の学術を究めるものの見逃すべからざることでなければならない。そして彼が林子を愛読したであろうことは、北肉山人の号が林子の艮背心法に取ったこと、また林子の「桃源寓言」(『林子全書』「寓言」の中に見える)を読んだこと(ともに「行状」に見える)に依っても窺われる。なお『逐鹿評』の標題は『四書標摘正義』巻頭所載の、『梅村載筆』のいわゆる「鹿を儒道にたとへたる」「鹿談」なる一文に暗示されたものであろう。

文章達徳綱領
その刊本

ホ 『文章達徳綱領』 六巻

刊本二種あり、一は巻頭に姜沆の序の外、寛永十六年の堀杏庵の序のあるもの、他の一はこれなく、姜沆の序のみあるものである。前者は刊記を欠くが、寛永十六年の杏庵

文章達徳綱領巻之一
入式内録 讀書 存養 窮理
讀書
大學論語孟子中庸禮書詩春秋易皆聖賢明
道經世之書雖非為作文設而千萬代文章皆
從是出 文章精義 文章辨體
夫文章者原出五經
詔誥策檄　生於書者也
序述論議　生於易者也

『文章達徳綱領』（白文本，刊本）

文章達徳綱領巻之一
入式内録 讀書 存養 窮理
讀書
大學論語孟子中庸禮書詩春秋易皆聖賢明道經
世之書雖非為作文設而千萬代文章皆從是出 文章
精義 文章辨體
夫文章者原出五經
詔誥策檄、生於書者也
序述論議、生於易者也
書奏箴銘、生於春秋也、

『文章達徳綱領』（訓点本，刊本）

の序が見えていること、並びに刊本の体裁から考えて、寛永年間のものであることは疑いない。後者にはまた二種あり、一は刊記なく、巻尾に単に「洛陽東六条大津屋開板」と記するもの（旧帝国図書館等所蔵）、他の一は巻尾に「寛永十三年九月　長野三郎兵衛　青木勝兵衛　今井善兵衛」の刊記あるもの（京都大学附属図書館所蔵）である。本文を見ると杏庵の序のある寛永刊本（旧東京文理科大学附属図書館所蔵）はいわゆる全くの白文であり、杏庵の序のない刊本二種（刊記を異にするのみで、同一版本を用いたものと思われる）に訓点を施しているが、文字は寛永刊本の方が比較的正確である。このように種々の刊本が出たということは、本書がかなり広く読まれたことを示すものであろう。なお昭和十四年に国民精神文化研究所刊の『藤原惺窩集』下巻所収のものは、本文は寛永版に拠り、訓点はだいたい大津屋開板本に従っている。

姜沆の序に拠れば、本書製作の来歴に関して、

今又学者、作文ノ几格ノ故ヲ知ラズ。前賢ノ議論ヲ掇リ、間フルニ己ノ見ヲ以テ群分シ類聚シテ、文章達徳綱要ト為ス。其ノ所謂達ハ、孔子ノ所謂辞、達スルノミナル者ナリ。所謂徳ハ、孔子ノ所謂有徳者ハ必ズ言有ル者ナリ。此レ一編ノ綱領ニシテ、作文ノ根柢ナリ。

というのみであるが、杏庵の序に拠れば、惺窩の門人吉田素庵が惺窩の命を受けて、広く経書、歴代の詩文より抽き採って、その体裁に因り、その品題を標し、門を分ち類を析って百余巻となした「文章達徳録」なるものがあり、また別に古文近詩の警策、前人後輩の手段を知らしめんがために、「綱要」六巻を編してその首に冠し、その後も、あるいは明朝賢哲の衆作を増掇し、あるいは諸家の註解を加入し、種々補正に努めたが、いまだ全書を成さざるうちに惺窩・素庵相継いで歿し、ために両人の志は一時頓挫するかに疑われたが、幸に素庵の子玄紀によってその「綱領」六巻の上梓が実現された。

従って現在見られるものは「綱領」即ち『文章達徳綱領』のみであって、杏庵のいわゆる「箇帙（かんちつ）（書物）重大にして、卒（つひ）に捜索に難し」という「文章達徳録」百余巻はついに上梓されず、『近代名家著述目録』『慶長以来諸家著述目録』以下の目録類にその名を挙ぐるのみで、現在いまだその写本の所在を聞かない。従って「文章達徳録」と『文章達徳綱領』とを実物について比較し、その異同関係を究めることを得ないが、杏庵の序によって察すれば、『文章達徳綱領』はいわゆる「文章達徳録」の綱領であって、『文章達徳綱領』が主として詩文（とりわけ文が中心）の理論に関するものであるのに反し（いわゆる詩話文話の類と見てよい）、「文章達徳録」は文例を挙げたものであろう。従って『文章達徳綱領』は、恐らく『文章弁体』における「総論」、『文体明弁』における「文章綱領」の部分に相応するものと考えられる。

しかしここに注意すべきは、惺窩が羅山に与えた書簡に、

達徳綱領、未ダ稿ヲ脱セズ。且ツ此ノ編ハ唯ダ古人ノ成説ヲ類聚セルノミ。曾テ一ノ私言ヲ其ノ間ニ著ケズ。是レ其ノ僭踰（せんゆ）（僭越）ヲ恐ルレバナリ。然ラバ亦タ他日ヲ竢（ま）ツ。愚、平素、筆ヲ渉（うごか）シテ書ヲ作ルニ懶（ものう）ク、復（また）侍輩ノ此ノ労ニ代ル可キ者無シ。

（『惺窩先生文集』巻十、原漢文）

といい、あたかも独力でこの事に従うもののように解されることである。この疑問を解く文献は目下のところ見当らないが、筆者の推測によれば、「綱領」の部分は惺窩の自撰であって、その文例をあげたと思われる百余巻のいわゆる「文章達徳録」は、吉田素庵が師の命をうけて類聚したものではあるまいか。杏庵の序するところも、この推定に撞着するものではないと考える。

その体裁

次に『文章達徳綱領』の体裁を見るに、

㈠ 入式内録　㈡ 入式外録　㈢ 入式雑録

㈣ 弁体内録　㈤ 弁体外録　㈥ 弁体雑録

の六門に大別され、さらに

㈠は読書、窮理、存養、

㈡は抱題、布置、篇法、章法、句法、字法、

㈢は叙事、議論、取喩、用事、形容、含蓄、地歩、関鍵、開合、抑揚、起伏、響応、錯綜、鼓舞、頓挫、繁簡、伸縮、陳新、華実、雅俗、工拙、大小、逆順、常変、死活、方円、険易、撑柱、歩驟、瑕疵、

㈣は辞命、議論、叙事、詩賦、雑著、題跋、

(五)は駢儷、律詩、近代詞曲、

(六)は歴代、諸家、

の各類に分たれている。

このうち入式内・外・雑の三門は詩の本質並びに修辞の方面を対象としたもので、文学理論の方向を示し、弁体内・外・雑の三門は、中国文学の歴史に現われたいわゆる文体を取扱ったもので、文学史の方向を指すものと言えよう。なかなか規模雄大で整備したものであることが知られる。

しかしここに注意されるのは、本書はこのような部類のもとに、古人の著書からその説を抽出して来て、それぞれに配当し編輯したものであって、こうした分類編輯の上に惺窩の文学観を間接的にうかがえること以外には、積極的に惺窩その人の見解はこれを見ることができないことである。林道春に与えた書簡に「此の編はただ古人の成説を類聚するのみ、曾て一の私言をも、その間に著けず、是れその僭踰を恐るればなり」(慶長九年に係る)というものは明瞭にこの事実を裏書するものである。思うにこのような編輯法は中国には幾多の先例があることであって(『漁隠叢話』『詩人玉屑』などはその好例)、このことは室町末から江戸初期にかけて経書の抜萃を以て一書を成したことと相俟って、当時の学風を示すものである。

その引用書

本書の引用書はいわゆる文話詩話を初め、『古文関鍵』『崇古文訣』『文章正宗』『文章弁体』等のいわゆる総集類、『性理大全』『近思録』『通書』『童蒙訓』等の宋・明の経学に関するもの、『事文類聚』『翰墨全書』等の類書、『百川学海』のごとき叢書をも含み、引用書を明記せるもの約七十種に上っている。

このうち文話詩話に関するものは、必ずしも全部原書から引用されたものではなく、むしろその多くは『文章弁体』『文章一貫』『文章精義』『文章欧冶』等より孫引され、従ってこれらの書によってのみその名を伝え、現在その原本を見られないものが相当数ある。全般にわたって最もしばしば引用されているのは、『文章弁体』『文章一貫』『性理大全』の三書であり、とりわけ『文章弁体』は本書の成立に大きな関係があるように思われる。ことに現在その伝本を見ることのできない「文章達徳録」はこれを規範としたものであろう。

本書に窺われる惺窩の文学観

なお本書に窺われた惺窩の文学観の傾向について一言すれば、本書に名づけて「文章達徳」といっているところに端的にうかがえるように、文は道を表現するためのものとする道学者流のそれを継承しているといえよう。このことは本書の巻頭の入式内録に、読書、窮理、存養の三類を掲げていることをも参考すべきである。

しかし惺窩は決して固陋一偏な道学先生ではなかったので、全体の体裁を通観しても知られるように、一応文章のあらゆる要素に心を向けており、本書はたとえ独創的文学論書ではないにしても、広く文学の各要素から、さらに中国文学の諸形態の歴史にわたって考察され、これについての古人の説を比較的によく纒め上げた文学論書であることは認めなければならない。弘法大師空海の『文鏡秘府論』が詩を主にした先人の所論の簡略化的集大成とするならば、本書は文を主とするそれであるといえよう。

なお本書の作成年代を考えてみるに、すでに姜沆の万暦己亥（慶長四年）の序があるとはいえ、羅山に与えた書簡に、「達徳綱領、未だ稿を脱せず。……愚平素、筆を渉かし書を成すに懶し。復た侍輩の此の労に代る可き者無し」とあり、これが慶長九年にかけられているのを見れば、慶長四年姜沆に序を求めたのは、まだ脱稿を見たのではなく、恐らくはその計画と大体の輪郭が成っていたのみで、その後、筆を加えて、慶長九年頃にはほぼ成り、しかもまだ完全に脱稿するまでには至らなかったものと見てよかろう。これが惺窩の晩年より死後にかけて、吉田素庵の多少の補修を経、素庵の歿後はその子によって杏庵の序が作られた寛永十六年に上梓されたものであろう。終りに「文章達徳録」

について左の記事を参考までに書き添えておく。

同じ丁巳（元和三年）……京師ニ還リ、達徳録ヲ讐校シ、又、明朝ノ英賢ノ衆作数百篇ヲ摘集シテ、以テ先生ノ余意ヲ補フ。……同ジ丁卯（寛永四年）……又、達徳録ヲ増註ス。未ダ全書ヲ成サザルニ失明ス。嗚呼命ナル哉。然モ素志ヲ遂グルガ為ニ、門人ニ口授シ、之ヲ編章ノ下ニ筆シ、捜索已メズ。（『杏陰稿』巻一、吉田子元行状の項、原漢文）

惺窩問答

なお羅山と儒学、とりわけ朱子学と陸象山、王陽明の異同を問答した『惺窩問答』一巻は『羅山林先生文集』巻三十二に収められている。『惺窩先生文集』巻十の「答林秀才代田玄之」はこれと関連して見るべきものである。

仮名性理

他に惺窩が母親のためにわかりやすく和文を以て儒道を説いたといわれる『仮名性理』一巻があるが、これはすこぶる疑問の書である。『仮名性理』の最古の刊本は元禄四年（一六九一）で、一名「千代茂登草」といわれるのは、在原業平の「世の中にさらぬ別れのなくもがな千代もと祈る人の子のため」の歌意にとって改名したものであろう。ところがこれと重要部分が同内容（『仮名性理』にある序と跋と見られる部分を省いたもの）の書が、古くから著者名なきまま『心学五倫書』として伝えられており、刊本で最も古いものは慶安三年（一六五〇）のものである。

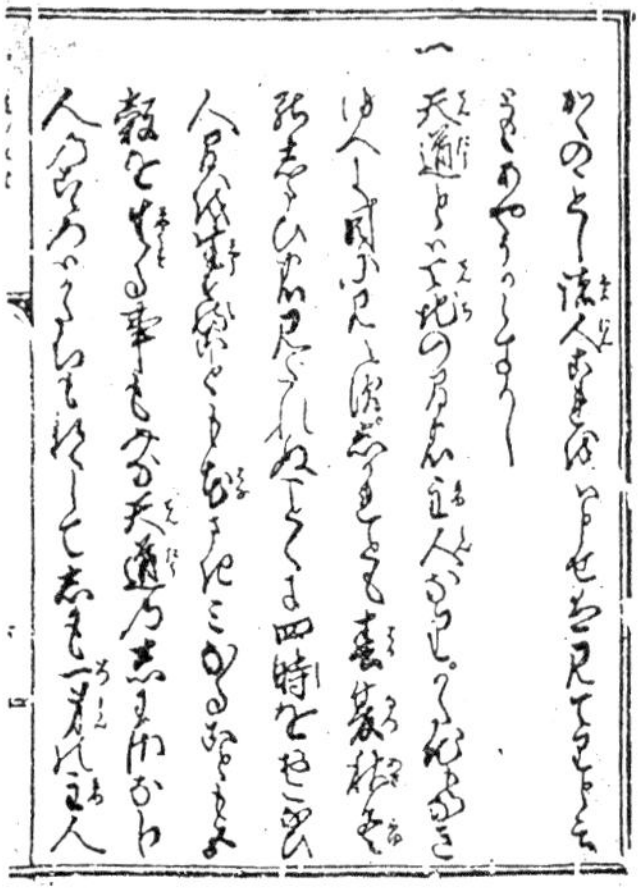

『仮名性理』（元禄四年刊本）

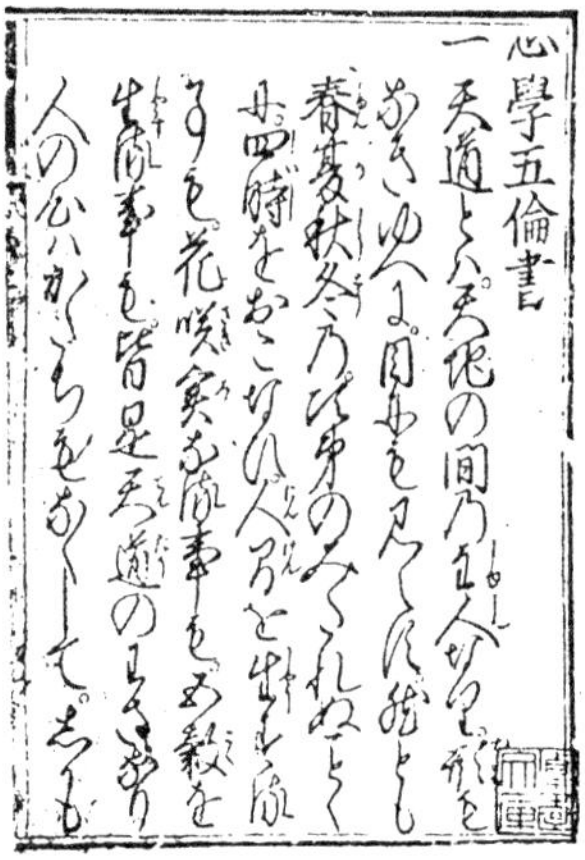

『心学五倫書』（慶安三年刊本）

両者を比較してみると、『仮名性理』の方が『心学五倫書』よりも一層整理されたもので、むしろ『仮名性理』が『心学五倫書』の後に出たものと見るべきであろう。そして惺窩の文集や著述の中にはもとより、直接の門人の記述の中にも『仮名性理』、もしくは惺窩が母のために儒道を説いたもののことは、全く見当らないので、現在では後人が惺窩を重からしめるために、『心学五倫書』に手を加えて彼の名を冠したと見る偽作説が、学界の定説となっている。

なお「明国講和使に対する質疑草稿」以下の断片自筆稿本四種はいずれも国民精神文化研究所刊の『藤原惺窩集』巻下に収録されており、内容については、すでに言及したので、ここでは省略する。

三　惺窩の死

惺窩の死

惺窩の死は元和五年（一六一九）九月十二日、享年数えで五十九歳であった。もともと中風の病があり、さほど頑健でなかったと見られるのに、書を好むこと何よりも甚しく、この年の春、力のこもった「夕顔巷の詞」（『惺窩先生倭謌集』巻五）を羅山に与えているので、最後まで気力・意識はしっかりしていたと思われる。

その墓

木下長嘯子の追悼の倭文によれば（『惺窩文集』続巻三）、定家卿のふるき跡時雨（しぐれ）亭の跡に葬られた。現在の墓は相国寺林光院の墓地であるので、のち改葬されたものであろうか。

惺窩追悼詩文

明治二十六年、正四位を贈られている。

『惺窩文集』続巻三には、羅山、尺五、那波活所、堀

惺　窩　墓　（相国寺林光院）

杏庵、菅得庵の追悼漢文漢詩、木下長嘯子と明心(松永貞徳)の追悼和文和歌が収められている。

時に長嘯子五十一歳、薩摩の如竹五十歳、吉田素庵五十歳、松永貞徳四十九歳、羅山三十七歳、石川丈山三十七歳、堀杏庵三十五歳、松永尺五三十歳、那波活所二十五歳、谷時中二十二歳、朱舜水二十歳、中江藤樹十二歳、野中兼山五歳、山崎闇斎二歳、林鵞峰二歳、熊沢蕃山一歳、木下順庵生前二年、山鹿素行生前三年、伊藤仁斎生前八年、であった。もって、おおよそ惺窩の近世儒学もしくは文学界における地位を想像できよう。

四　惺窩の子孫

男為景

惺窩の妻のことは不詳であるが、男為景は幼にして父の死に遭っているので多分、僧籍を離れて儒者として立ってから以後の晩婚であったろう。男一人、女一人があった。

男は為景といい、幼少にして惺窩と死別した。為景の孫藤原為経の「惺窩先生系譜略」によれば、初め後水尾天皇に仕えて図書頭に任ぜられ、後光明天皇の正保年間、勅旨を幕府に伝えて冷泉家を再興するため冷泉を継ぎ、官は左近衛権少将、ついで同中将に進み、山城の愛宕郡小山村(現、京都市上京区)と相楽郡林村(現、京都府相楽郡山城町)および小寺村（同木津町）の三ヵ所の地を賜わり、しばしば天皇の経筵に侍講する栄を荷い、詩歌及び倭文をよくし、『白鷗文集』の著があったというから、教養ゆたかな人物であったことが想像される。彼は羅山と菅得庵編の『惺窩文集』の遺漏多きを憂い、百方手を尽して資料を集め、文集の改訂増補に努め、漢文は羅山にはかり、仮名和文は徳川光圀に質して慶安四年には後光明天皇の序を賜わり、全十五巻、寛文十一年には版行するばかりになっていたが、不運にも副本もろとも火災の難にあったという（『惺窩先生文集』解説参考）。

曾孫為経

曾孫の藤原為経は、「惺窩先生系譜略」の終りに正二位行民部卿と自署しているので、官位も相当にまでのぼった人であろう。祖父為景の遺志を継いで再び百方苦心すること数十年、徳川光圀の援助もあって、『惺窩先生文集』十八巻を編纂刊行したことは、道を信ずることの篤きと、父祖を顕彰せんとする熱情の表われであることはいうまでもないところであって、惺窩も後ありというべきであろう。

第六　惺窩の後世へ及ぼした影響

門流

藤原惺窩の後世への影響は、何といっても彼の優秀な門流がそれぞれ儒学、とりわけ朱子学の紹介と興隆に大きな寄与を果した点に、まず指を屈すべきであろう。

林羅山とその子孫

その筆頭の林羅山が惺窩の推薦で徳川家康に仕えたことは、初めこそむしろ書記的存在であったようであるが、やがて幕政が整理するにつれて、その該博な知識が物をいって、学制の創設運営に主導権を握り、幕政の強化充実に寄与するところが大であった。とくに彼の上野忍ケ岡の私塾が、やがてのちの昌平黌に発展して官学の中心となり、子鵞峰、孫鳳岡と相うけて、江戸時代の文教をリードするに至って、惺窩の光はそれにともなっていよいよ輝かしいものとなって行った。

松永尺五とその門流

また京都の松永尺五は、惺窩の遠い姻戚でもあり、惺窩の信用が篤かったところから、彼の塾講習堂は門人数千人を数え、とりわけ木下順庵、貝原益軒のような大儒を生み、さらに順庵門には勝れた学者・政治家の新井白石、碩学の雨森芳洲、三宅観瀾、室鳩巣、詩人の祇園南海のような傑出した人材を輩出したので、この面からしても、惺窩の存在はますますその光芒を増した。

惺窩自身は出でて仕えることなく、むしろ陶淵明の学人的顕現の観があったが、当時として生活の便があった僧籍を敢然とかなぐり捨てて、天下国家を念とする出世間教たる儒学に身を投じたところからしても、教化を含む広い政治に志があったので（この点を最も端的に示すのは『逐鹿評』（大学要略）である）、その系統に白石その他の政治家が出たのも決して不思議ではない。

惺窩の特色と功績

しかし惺窩の本領は、最も実践的倫理面を重んずる教育者たるところにあったので、彼の正統は、学究・博識に傾斜する羅山の系統よりも、むしろ尺五・順庵の京学派の系統——羅山の学統を江戸派・官学派とするならば京学派と呼ぶにふさわしい——により一層正しく伝えられたといってよかろう。京学派といえば、同じ京都に生れ育ち住み、偉大な学者・教育者であって、和歌の嗜みもあった伊藤仁斎（一六二七—一七〇五。『古学先生和歌集』一巻あり）は、土地柄的環境もあろうが、何か惺窩に近いものを感ぜしめる。

包容性と綜合性

次に、惺窩は啓蒙期の学者の常として、それには病身で長命でなかったことも無縁ではないが、その声名に比して必ずしも著述に富むものとは言いがたい。

しかし彼は一偏に傾く学者ではなく、大局を見透して、適正な判断を下せる折衷的、否、綜合的な学者であったことを見落してはならない。

簡易直截性と実践性

すでに人となりの項でも触れたが、朱子を尊敬し、その多くを採り入れたが、といってこれにただ一辺倒というわけではなく、天理を端的にわが心自身に求め、繁縟（じょく）を去って簡易直截につく言行一致的実践の点では、陸象山や王陽明の長所を認めるのにやぶさかではなく、また心自身を深く追求する心学的傾向の強い三教（儒・道・仏）一致論者林兆恩に対しても多くの共鳴を示している。この外に学識を広めるよりもむしろ心に具わる徳性を重んじ、これを長養せんとする陸象山・王陽明、ひいては林兆恩にうかがえる心学的傾向は一面よりすれば、より禅学に近いといってもよいので、ここに惺窩がもともと五山禅林の中から出たことの重さを見落してはならない。

そしていわゆる異端の書に対しても、異中の同を見るばかりでなく、同中の異をよく見れば、これに対する正しい判断ができるとして、むしろ進んで異書を読むことを奨励している見識は、江戸文運の開拓者としても、まことに勝れた学的態度であった。

局部的に徹底の学者よりも、このような大らかな広い学的態度の樹立者を近世の源頭にもち得たということは、日本の学術のためにも大きな幸福であった。近世日本の儒学が朱子学を主流としながらも、寛政異学の禁は別として、中国などにしばしば見られるような烈しい朋党的学派の抗争に走らず、陽明学派や、古学派、折衷派、独立派がそれぞれ自由に自己の所説を発表し弘布できたのは、外国のような宗教戦争がなかったところにも示されている日本人の大らかな寛容性にも依るであろうが、惺窩がその源頭に立って、よいレールを敷いてくれたことに一部の功を認めてよいであろう。

さらに惺窩の学風が簡易と実践を重んずるものであったことは、これまた日本人の性格に由来するものでもあるが、この態度は伊藤仁斎や荻生徂徠（とりわけ仁斎）らの先駆を成すものがあったと思われることを指摘しておきたい。

国学歌学をも含む文の学

なお、惺窩が定家の後裔の冷泉家の出であったことは、彼をして歌学国学の方面でも『万葉集』『土佐日記』『徒然草』などの分野で開拓者的役割を演ぜしめているばかりでなく（補遺の「惺窩の学問と文芸」の項を見られたい）、宋学・朱子学の見識を駆って、『日本書紀』神代巻の改修に尽していることも閑却できないので、彼は儒学・歌学・国学をうって一丸とする学問に指を染めているので、彼ほど近世文運の先駆者の名にふさわしいものはないであろう。

彼を以て朱子学に純乎でなかったという理由で、彼にあきたらぬ感情を示している山崎闇斎（『垂加文集』巻二、答真辺仲庵書）らのような人物ももとよりあるが、かえってこれこそが惺窩の近世初頭に立つ啓蒙期の大先達たるゆえんであろう。

終りに先人の惺窩評の幾つかを引用しておく。

不佞嘗テ先正夫子ノ斯文ニ大功徳有ル者ヲ論説シテ言ツテ曰ク、昔遂古（大昔）ニ在ツテ、吾ガ東方ノ国、泯泯乎トシテ知リ覚ル罔シ。王仁氏有リテ後、民始メテ字ヲ識リ、黄備氏（吉備真備）有リテ後、経芸始メテ伝ハリ、菅原氏（道真）有リテ後、文史誦ス可ク、惺窩氏有リテ後、人人言ヘバ則チ天ヲ称シ聖ヲ語ル。斯ノ四君子ハ、世〻学宮ニ尸祝（崇拝）スルモ可ナリ。（荻生徂徠『徂徠集』巻二十七、与二都三近一 原漢文）

（惺窩）四書五経、性理大全ヲ本トシ、其他大率宋人ノ学ヲ以テ教ヲ興シ、国初太平ノ基ヲ開ケルト（ママ）、其学大ニ開ケ、人皆従テ学ビ傚フ。即程朱ノ学ヲ人ノ知リタルモ、是ノ先生ヲ初メトス。又下ニ在ル人ノ農賈商人ニ至テモ、書ヲ読ム者ノ出来タルモ是ヨリナリ。今ノ学問スル人ノ先師宗匠ナリ。……惺窩ノ学、正大ナリト雖ドモ、章句文義ノ際、猶未レ明コト多シ。……然レドモ、其学ヲ守テ次第ニ琢磨セバ、実ニ周程張朱ノ純粋ヲモ得ベクシテ伝ヘテ弊ナキ学問ナリ。（那波魯堂『学問源流』。傍点筆者、以下同じ）

国朝の諸儒の論は、魯堂先生（那波活所）の学問源流に精しく論置れたり。蘐園諸子

（荻生徂徠学派）の著述ども、文章議論もとに行届たる事なり。しかれども、いはゆる立派なるといふ氣味あり。惺窩先生、藤樹先生など、少しも立派なる事はなく、只何となく徳沢の慕はしき場は、格段の事なりと見ゆ。（橘泰『筆のすさび』巻上、別名「芝屋随筆」）

朱・陸（朱子と陸象山）同ジク伊・洛（二程子）ヲ宗トシテ、見解稍異ナル。二子竝ビニ賢儒ト称ス。蜀朔ト洛ト各〻党ヲ為ス如キニ非ズ。朱子嘗テ曰ク、南渡以来、著実ノ工夫ヲ理会スル者、惟某（朱子）ト子静（陸象山）トノ二人ナリト。陸子モ亦謂フ、建安ニ朱元晦無クバ、青田ニ陸子静無シト。蓋シ其ノ互ニ相許スコト此ノ如シ。当時ノ門人モ、亦両家相通ズル者有リテ、各〻師説ヲ持シテ相争フコトヲ為サズ。明儒、白沙・篁墩・餘姚・増城ノ如キ、竝ビニ両家ヲ兼ネ取ル。我ガ邦、惺窩藤公ハ蓋シ亦此ノ如シ。……我ガ邦、濂洛（周濂渓・二程子・朱子）ノ学ヲ首唱スル者ハ藤公ト為ス。而モ早ク已ニ朱陸ヲ幷取スルコト此ノ如シ。（佐藤一斎『言志晩録』、原漢文）

傍点の箇所はとりわけ定論として注目されてよかろう。

朱子学名分論の両刃の剣性

なおひとり惺窩といわず、朱子学一般についての評価のうち、朱子学が、君臣、父子等の別を強調する点で江戸時代の封建的幕藩体制を強化するイデオロギーとして大いに役立ったという説について一言する。確かにそういう面も否定できないが、他面その大義名分を強調する点が、日本の国の歴史を究めるに従って封建的幕藩体制を崩壊に導く役割をも果したこと、徳川の親藩でありながら朱子学に拠って立った水戸藩の学問、水戸学が幕政を打倒する一つの有力な原動力となったことも見逃してはならない。もとよりこれには、国学や神道との関連も忘れてはならないが、そもそも朱子学の名分を正すという主張は権力に奉仕すると共に、これに警告するという両刃の剣そのものであったのである。さらに朱子学の仁愛・道理を重んじ、正義に赴く理論と気風は、ひとり封建時代に生きたばかりでなく、将来の人類の歩みに対しても、依然何らかの役割を果すものであると思われるのである。

補説　惺窩の学問と文芸

一　儒学

惺窩学術の特色

藤原惺窩は五山文学より羽搏き、その両翼に林・松永両家を擁して、本邦朱子学の開祖と呼ばれているが、彼はその後継者の或るものが往々にして陥ったような固陋一偏な朱子学者ではなく、広くあらゆるものに学んで、これを自己の学的体系の一礎石としようとした。その学的態度は中世的伝授・伝統に束縛されることなく、経書そのものに直面して、そこから自然・人間一貫の真理を闡明しようとしたので、ここに期せずして、近世文芸復興の機運をさしまねく観があった。

以下惺窩学術の実際について、その学的態度の特徴を考えてみよう。

理一分殊

惺窩云フ、学問ノ道ハ、義理ヲ分別シテ、理一分殊ヲ以テ本ト為ス。万物一理、物我、間無ケレバ、則チ必ズ理一ニ入リ、釈氏ノ平等利益、墨子ノ兼愛ニ流ルルノミ。専ラ分殊ヲ以テ之ヲ見レバ、則チ必ズ楊子ノ為我ニ流ル。両ツナガラ未ダ其ノ善ヲ得ズ。故ニ聖賢ノ書ヲ読ミ、聖賢ノ心ヲ暁（さと）ラバ、則チ専ラ理一分殊ヲ以テ宗ト為ス可ケレバ、則チ弊無シ。（堀杏庵『杏陰稿』巻四）

惺窩に拠れば、学問の根本は理一分殊を体得するにあった。理一の理は事象の本体、もしくは宋儒のいわゆる「然る所以の理」であり、万物をして万物たらしめる究極原理である。分殊は本体たる一理の現われとしての雑多な事象である。理に至って初めて雑多な事象（差別）の世界は統一を得て、ここにその全き意義を完結する。しかも理（体）は事象（用）を離れて無く、事象は理を措いて無い。程伊川のいわゆる事理一致、体用一源たるゆえんである。

惺窩が釈氏・墨子もしくは楊子を排斥するのも、彼に拠れば全く釈氏また墨子が理一、楊子が分殊の一面に偏するためであったので、この思想が程伊川の「西銘ハ理一ニシテ分殊。墨氏ハ則チ愛合シテ分無シ。分殊ノ蔽ハ、私勝ツテ仁ヲ失フ。分無キノ罪ハ、兼愛ニシテ義無シ。分立ツテ理一ヲ推シ、以テ私勝ツノ流レヲ止ムルハ、仁ノ方（方法）ナリ。別無クシテ兼愛ニ迷ヒ、父無キノ極ニ至レバ、義斯（ここ）ニ亡ブルナリ」（『二程粋言』論書篇）と言うものに得たであろうことは、ほぼ疑いないであろう。究極原理としての理を追求することは、学の根抵を確立し、学を深化するゆえんであるが、この一面のみを強調することは、とかく空疎の弊に陥りやすいのであって、あくまで分殊の一面を疎かにしないところに、実際を重んずる儒教本来の立場がある。この理一分殊の思想が、張横渠の『西銘』に発し、程伊川・楊亀山を経、朱子に至って確立された宋儒固有の思想であることは、いうまでもないところである。

理(天道)と性(人心)

究極原理としての一理が万物の上に遍満しているところからいえば、究極原理は即ち普遍原理である。この側面からすれば、万物は一根であり、天人は合一すべきであって、ここにおいては理(天道)は直ちに性(人心)となる。

夫レ天道ハ理ナリ。此ノ理、天ニ在リテ未ダ物ニ賦セザルヨリ天道ト曰フ。此ノ理、人心ニ具ハリテ、未ダ事ニ応ゼザルヨリ性ト曰フ。性モ亦タ理ナリ。蓋シ仁義礼智ノ性ハ、夫(か)ノ元亨利貞ノ天道ト名ヲ異ニシテ其ノ実ハ一ナリ。凡ソ人、理ニ順ヘバ、則チ天道其ノ中ニ在リテ、天人、一ノ如キ者ナリ。(『惺窩先生文集』巻九、五事之難)

このようにして理を明らかにすることは、そのまま我が性(本性)を究めることとなるのであって、ここに至って学は自己の修養のためのものとなるのである。

学と修養

先生余ニ謂ツテ曰ク、汝何ヲ以テ学ヲ為スト謂フ。若(も)シ名ヲ求メ利ヲ思ハバ、己ノ為ニスル者ニ非ザルナリ。若シ又、此ヲ以テ世ニ售(う)ラント欲スレバ、学バザルノ愈(まさ)

レルニ若カザルナリ。（「惺窩問答」『羅山林先生文集』巻三十二所収）

朝鮮の役の捕虜であって惺窩の学問に少なからぬ寄与を果したと見られる姜沆が、惺窩の『文章達徳綱領』に序して、惺窩の博学を讃えた後に、「一切、天理ヲ拡ゲ放念ヲ収ムルヲ以テ、学問ノ根本ト為ス」といっているのも、ここをいうのである。

学問の方法

それでは、いわゆる天理を拡げ放念を収める学問の方法はどうであるか。

書ノ存スル所ハ、賢聖ノ存スル所ナリ。上ニ臨ミ旁ラニ質ス。斯レ師、此ニ在リ。斯レ友、此ニ在リ。其ノ時、其ノ地モ亦此ニ在リ。（「敬案銘并跋 応二玄同之求一」『惺窩先生文集』巻八）

聖人は常師なく六経に求む

ここに道の表現としての経籍そのものを師とする惺窩の立場があるので、これはやがて明経家（主として清原家）の訓点伝授を超えて、近世儒学を率いる惺窩の学術を生んで来る理由でもあった。惺窩が壮年（慶長元年、年三十六）当世に善師なきを憂え、決然渡明を企て、風濤に遭って果さず、ひるがえって聖人は常師なきを悟り、「吾之ヲ六経ニ求ムレバ足ル」（「惺窩先生行状」）としたのも、その根柢にこのような自覚があったからであろう。従って惺窩は書そのものに就いて着実に研究しようとするのであるが、それはあくまで字句の末に捉われることなく、精神そのものに肉迫するものでなければならなかった。

宋儒ノ高明ハ、誠ニ吾ガ道ノ日月ナリ。漢唐訓詁ノ儒ハ、僅カニ一二句ヲ釈スルニ、百千万言ヲ費ス。然モ浅近ナルコト此ノ如シ。（「与二林道春一」『惺窩先生文集』巻十二）

という漢唐訓詁の学に対する評言も、惺窩のこうした態度を表明するものに外ならない。しかし彼は事物の一面を以て軽々にその全体を律し去る人ではなかったので、他面において、

漢唐訓詁の学の評価

漢唐訓詁ノ学モ亦一タビ渉猟セザル可カラザルナリ。其ノ器物名数典刑ハ、程朱ト曰フト雖モ、焉(これ)ニ依リテ改メザル者夥(おびただ)シク、焉(これ)ニ譲リテ注セザル者数(しばしば)ナリ。所謂十三経疏ト云フ者ハ、魚モ亦欲スル所カ。（同前）

同ジク（惺窩）云フ、凡ソ書ヲ読ミ義理ヲ講ズル者ハ、必ズ先儒ノ訓解有リ。聖賢ノ経ヲ講ズル、先ズ注上ニ於テ義理ヲ分ツ。（『杏陰稿』巻四）

といって、訓詁を全く廃棄するものではなかった。

聖賢ノ経書ヲ読ムニハ、経書ヲ以テ我ガ心ヲ証シ、我ガ心ヲ以テ経書ヲ証シテ、経書ト我ガ心ト通融スレバ可ナリ。（「惺窩問答」）

経書と我が心の冥会

ひっきょうするに形迹を超えて精神に分け入り、道の表現としての経書と我が心との冥会を期するものであって、この立場は書物に拘泥することを排すると同時に、また主

観（小我）の奔騰と逸脱を警戒するものであった。

惺窩の学的態度の根本はおおよそ以上の如きものであるが、彼が学問を為す順序としての知行の関係をどのように見ていたかは、彼の学風を知る上に参考になるところが少くないので、彼の知行論について一言しよう。

先生嘗テ問ウテ曰ク、大学ノ要ハ何ヲ先ニスルカト。道春対ヘテ曰ク、誠意カト。曰ク、誠意ハ大学ノ要ト為スト雖モ、然レドモ学者ニ在ツテハ、只格物窮理ヲ先ト為ス。是レ急務ナリト。（『惺窩問答』）

其学者ノ工夫ノ為ニハ、下ノ文ノ格物ヨリ工夫ヲナシテ入ルベキゾ。（『逐鹿評』上）

シラズバ、ムマレツキヨクトモイカヾヲコナハンヤ、マヅシルベキナリ。タヾシ、シラヌモノハ、シリタラバ、行コトモアランノタノミモ、ノコレリ。知ルモノ、行ナハザルハ、シラザルヨリ、ヲトレルハ必定ナリ。（『寸鉄録』一巻、非知之艱、行之惟艱、書説命篇の項）

これらの立場は、けだし朱子の、

苟クモ徒ラニ知リテ行ナハザルハ、誠ニ学バザルト異ル無シ。然レドモ行ハント欲シテ未ダ理ニ明ラカナラザレバ、則チ践履（せんり）スル（行う）所ノ者、又未ダ其ノ果シテ何事ナルカヲ知ラザルナリ。故ニ大学ノ道ハ、誠意正心ヲ以テ本ト為スト雖モ、必ズ格物致知ヲ以テ先ト為ス。(『朱子文集』巻五十九、答二曹元可一)

の説を奉ずるもので、いわば先知後行説であるといえよう。しかしこれは学問を為す順序からいったものであって、

学者の態度

学者ノ論ヲ訪ネ古ヲ稽フルヤ、嘉言ヲ以テ其ノ理ヲ窮ムルヲ学ビ、善行ヲ以テ其ノ事ヲ実ニスルヲ学ブ。是レヲ古ヲ稽フト為ス。蓋シ言ト行ト二ナラズ。空言ヲ学ブト雖モ、己ヲ治メ人ヲ治メ、施シテ物ニ及ベバ、則チ実行ナリ。空言ニ非ズ。実行ヲ学ブト雖モ、口之ヲ言フトモ心之ヲ知ラズ、心之ヲ知ルトモ身之ヲ践マザレバ則チ空言ナリ。実行ニ非ズ。謂フ可シ言ト行ト一ナリト。之ヲ二ニスルハ、則チ古ヲ稽フルニ非ズ。学者ニ非ズ。(「古今医案序」『惺窩先生文集』巻七)

というところに徴しても、彼が言行不二、知行合一を以て学の理想となしたことは明らかであって、結局するに彼は程伊川らのように、先知後行を以て知行合一に達する階梯とするものと見るべきであろう。そしてここに注意すべきは、これらの立場を以て学者の態度として特記していることである。前に引いた「古今医案序」の文にすぐ続けて、

初学者に対する行の強調

然リト雖モ、初学者ハ徒然ニ空言ヲ守ラバ、則チ事変ニ臨ミテ、藐然トシテ之ニ処

スル所以（ゆえん）ヲ知ラズ。故ニ行事ノ実験ヲ見ルニ如（し）カズ。

といっているところに至って、惺窩の真意はいよいよ明瞭になるのであって、初学者にあっては知よりはむしろ実際の行事を強調していることは注目されなければならない。

ここに惺窩の教育者としての一面をうかがうべきであって、彼がいわゆる理癖に陥らず、よく実際に門弟を薫育指導し得たのも、こうした態度があずかって力があったのであろう。

理論家たるよりも実際的教育重視

帰するところ、彼の本領は学究者ないし理論家たるよりも、むしろ実際的教育者たるところにあったというべきであって、その意味で学者としての態度と教育者としての立場を区別する彼の知行論は、理論としてはやや徹底を欠く憾みなしとしないが、惺窩の学風を知る上では見逃すべからざるものである。

こうした傾向は惺窩学術の一般に通じてもいい得るのであって、理論家としての彼は、宇宙論、理気論、心性論等において、羅山の記す「惺窩問答」などに見ても、おおかた宋儒の理論を伝えるに止まり、特にこれに加えるものを示していない。しかし彼が広くあらゆるものに学び、しかもそれに拘泥することなく、その要点を捉えて、これを自己の学的組織の中に摂取するだけの見識を備えていたことは疑いないところであって、ここに文芸復興期の源頭に立って、近世儒学を興起してくる惺窩の大らかな大きさがあった。結局するに惺窩の価値は、学理の確立にあったのではなく、学的態度の決定にあったというべきであろう。

このことは、惺窩の陸王、仏老、神道観において一層明かになるので、以下これらについて略述する。

朱子と陸象山評

惺窩の陸象山・王陽明観は、「答二林秀才一代二田玄之一」（『惺窩先生文集』巻十）に最も明瞭である。

朱夫子ノ如キ者ハ、往聖ヲ継ギ来学ヲ開キ、道統ノ伝ヲ得タル者ナリ。後生区々トシテ異論ヲ置カンヤ。陸文安（象山）ノ如キ者ハ、信ジテ最モ之ヲ学ブ者有リ、疑ヒテ未ダ之ヲ決セザル者有リ、排シテ之ヲ斥クル者有リ。信ズル者、排スル者ハ、置イテ論ゼズ。其ノ疑フ者ヲ以テ之ヲ言ハバ、同時ニ在ル者、張斂夫（南軒）・呂伯恭（祖謙）ハ、紫陽（朱子）ニ於テ丈人ノ行（老人仲間）為リ、共ニ我ガ道ヲ発揮スルヲ己ノ任ト為ス者ナリ。然レドモ亦、文安ヲ以テ全クハ非ト為サズ。……皇明ニ在ル者、儒門一代ノ巨擘（勝れた人）、皆陸（象山）ヲ寃スル（罪する）ノ疑有リ。故ニ余モ亦其ノ疑ハシキ所ヲ疑フノミ。信ジテ学ブニ非ズ。唯羅整庵・霍渭厓・陳清瀾等ノ党同伐異、排陸ノ諸編ヲ見テ未ダ金谿（象山）ノ家乗・文集・語録・年譜、及ビ門人故旧ノ手録ヲ見ズ。故ニ曰ク、敢テ信ズル者ニ非ズ。疑ヒテ未ダ決セザル者ナリト。足下、陸ヲ弁ジテ余力ヲ遺サズ。……余姑ク疑ハシキ者ヲ以テ之ヲ論ズレバ、則チ塩梅相済シ、瑕瑜（欠点と美点）掩ハズ（隠さぬ）、亦復此ノ理有リ。微・箕・比干・周武・伯夷（以上は古代の賢人）ノ為ス所、各〻同ジカラザル如クシテ、欲スル所、亦異ナラザル如シ。故ニ仲尼（孔子）ハ兼称幷取シテ、偏廃セズ。……紫陽ハ質篤実ニシテ邃密ヲ好ンデ、後学、支離ノ弊有ルヲ免レズ。金谿ハ質高明ニシテ簡易ヲ好ンデ、後学、怪誕ノ弊有ルヲ免レズ。是レ異ト為ス者ナリ。人其ノ異ルヲ見テ、其ノ同ジキヲ見ズ。同ジキ者ハ何ゾヤ。同ジク堯・舜ヲ是トシ、同ジク桀・紂ヲ非トシ、同ジク孔・孟ヲ尊ビ、同ジク釈・老ヲ排シ、同ジク天理ヲ公ト為シ、同ジク人欲ヲ私ト為ス。

すなわち惺窩は「姑ク疑フ者ヲ以テ之ヲ論ズ」と謙遜しながら、朱子と陸象山の特色（傍点の箇所に注意）と同異を論じ、共に儒学において学ぶべく採るべきを説いている。ここでは朱陸とも、同じ儒学の立場より、異る面ばかりに眼を注がず、同じきところを掲げて、相補い相扶けて学の発展を期すべきことを強調しているわけである。

惺窩が陸象山を異端と見なかったばかりか、むしろその著を愛読していたと見られる

一例をあげれば、『惺窩先生文集』巻八に見える「重建二和歌浦菅神廟一碑銘 并序」において、

知者ノ知、仁者ノ仁ハ、先覚之ヲ覚リ、後覚亦之ヲ覚ル。東西海ノ聖人、之ヲ同ジクシ、南北海ノ聖人モ亦、之ヲ同ジクス。

というものは、陸象山がわが心に具わる真理は万国宇宙に共通であることを論じて、

宇宙ハ即チ是レ吾ガ心、吾ガ心ハ即チ是レ宇宙ナリ。東海ニ聖人ノ出ヅル有ルモ、此ノ心同ジク、此ノ理同ジキナリ。西海ニ聖人出ヅル有ルモ、此ノ心同ジク、此ノ理同ジキナリ。南海北海ニ、聖人出ヅル有ルモ、此ノ心同ジク、此ノ理同ジキナリ。（雑説）

というものに得たものであることは、疑いないであろう。このように伝授・伝統を超えて、朱陸の学説そのものを問題にしているところに、すでに江戸初期の学問に臨んだ黎明を見る。しかも彼が権威に圧服されず、よくその長短を見究め、信ずべきを信じ疑うべきを疑うとする態度は、まさしく中世思想を脱却して、江戸初頭の文芸復興の精神を率いるものというべきである。

王陽明評

また王陽明に対しても、惺窩は時にむしろこれを擁護するところがあるので、致知格

物について羅山が程朱の説を称揚して、陽明の意見いかんと問うたのに対し、惺窩は、

此ノ処未ダ言ヒ易カラザルナリ。汝唯ダ熟読玩味シ、涵泳（恩恵にひたる）従容（ゆったりする）シテ可ナリ。要ハ黙シテ之ヲ識ルニ在ルナリ。一旦豁然トシテ貫通スルニ至レバ、則チ諸儒ノ同異一ニ定マラン。（「惺窩問答」）

といい、『大学』の三綱要の一たる新民のうちに民を親愛するの意あるかとのある人の問に対し、惺窩は、

親民ノ内ニ亦、新民ノ意在ル有リ。（『羅山林先生文集』巻七十五、随筆十一所引）

といって、むしろ朱説を採らず、王（陽明）説を取る如き口吻を洩らし、陽明の詩を評しては、「洒落、愛スベシ」（「与₂林道春₁」『惺窩先生文集』巻十一）という如き、もって惺窩の陽明に対する態度を窺うことができる。

要するに惺窩は漢・唐の注疏の学に対して宋・明の性理・心性の学を喜んだので、性理・心性の学の中では朱子の穏健着実な学説に推服したが、また陸・王の簡易直截で実践的性格をも決してないがしろにするようなことはなかった。従って彼を以て直ちにいわゆる朱子学者と断定することは、惺窩学術の真相を誤りなくいい当てたものではない。朱子学者としての林羅山ないし松永尺五の師として、また本邦朱子学派の中核たる林・

惺窩の折衷的綜合的学的態度

松永二門の母胎として、これを本邦朱子学派の有力な源泉となすことには、もとより異論はないが、惺窩はいわゆる朱子学者と呼ばれる後継者のように、とりわけ意識して朱子学を唯一絶対のものとして信奉したものではない。従って朱子に沈酔して、その他の学説に眼を覆うようなことはなかった。『大学』の註解書である『逐鹿評』（大学要略）で、その本文が朱子の章句本に拠らず、『礼記』所載の古本を用い、その註が明の三教融合論者である林兆恩の『四書標摘正義』の説に依拠し、時に朱説に対して不満の意をほのめかしている如きは、そのいちじるしい例である。むしろ折衷ないし綜合的態度を保持していたのが惺窩であったので、「惺窩問答」に、

又問フ、説卦（せっか）（『易経』の篇）ニハ窮理ト曰ヒ、大学ニハ格物ト曰フ、其ノ立言、同ジカラザルハ何ゾト。（惺窩）曰ク、聖賢ノ千言万語ハ只ダ人ノ理解シ得ルヲ要ス。故ニ示ス所ハ同ジカラザレドモ、入ル所ハ即チ一ナリ。且ツ古人ハ各〻自ラ入頭ノ処有リ。周子ノ主静、程子ノ持敬、朱子ノ窮理、象山ノ易簡、白砂ノ静円、陽明ノ良知ノ如キハ、其ノ言ハ異ルニ似ルモ入ル処ハ別ナラズ。

というものは、如実にこれを物語っている。これが惺窩学術の特徴であると同時に、ある一派のものよりして学に「醇乎ならず」との評を免れないところである。

次に儒教の異端とするところの仏教・老荘、並びに神道に対する惺窩の見解を尋ねよう。

惺窩は七、八歳の頃、仏道に入り、京都相国寺一山派に属する播州竜野の景雲寺に入って禅を学び、十八歳のとき相国寺に移り、三十歳までは確実に僧形であったのであるが、三十歳を過ぎる頃から漸く心の内奥に萌（きざ）しつつあった仏教に対する疑問、とりわけ当時の堕落僧に対する反感は、彼を駆って儒教とくに宋学に向わせ、三十五歳から四十歳の間に儒者としての立場を確立したのである。従って儒に帰してからの彼が仏教をどのように視たかは、すこぶる興味のある問題である。

> 先生以為（おもへ）ラク、我久シク事ニ釈氏ニ従フ。然レドモ心ニ疑有リ。聖賢ノ書ヲ読ンデ、信ジテ疑ハズ。道果シテ茲（ここ）ニ在リ。豈（あに）人倫ノ外ナランヤ。釈氏既ニ仁種ヲ絶チ、又義理ヲ滅ス。是レ異端為ル所以ナリ。（「惺窩先生行状」）

これは人間としての道が人倫関係という厳たる一大事実と不可分であることを説いたもので、惺窩によれば人倫関係（仁義の起るゆえん）こそ真の人間の道であり、これを度外視するものは、すべて虚偽であり、異端なりとする。慶長五年、家康の入洛に際して召

されて謁見し、承兌・霊三の二僧と問答を行った時に、二僧が惺窩の仏を捨てて儒に帰したのを責めたのに対し、

我ヲ以テ之ヲ観レバ、則チ人倫コソ皆真ナリ。未ダ君子ヲ呼ンデ俗ト為スヲ聞カザルナリ。我ハ恐ル僧徒コソ乃チ是レ俗ナリ。聖人何ゾ人間世ヲ廃センヤ。（「惺窩先生行状」）

といっているのも、全くこの理由に外ならない。「惺窩問答」の、

先生曰ク、当世ハ天下困窮シ、人民罷敝ス。蓋シ遊手ノ者衆多ナルニ由ルナリ。粟ヲ食ムノ家余リアリテ、農ニ力ムルノ夫足ラズ。所謂長安ノ百物皆貴キハ、蓋シ此ノ故ナリ。……余（羅山）以為ラク遊手ノ者十ニシテ、浮屠（僧）ト為ル者五六。

に表われている僧侶攻撃論もこれに関連して考えられなければならない。『寸鉄録』二巻、および『逐鹿評』下の「財ヲ生ズルニ大道有リ。生ズル者衆ク、食スル者寡シ。之ヲ為ス者疾ク、之ヲ用フル者舒ナレバ、則チ財恒ニ足ル」にもほぼ同じ趣旨が見えている。

我ガ儒ハ明鏡ノ如シ。物来レバ即チ応ズ。釈氏ハ暗鏡ノ如シ。却ツテ物ヲ棄絶ス。鏡中ハ本来固有ノ明ナルニ、之ヲ暗クセント欲ス。是レ理ヲ害スルナリ。（「惺窩問答」）

これは惺窩が仏教の修養法を絶欲作為的なりとしたことを示すものであって、この立場はまた無念無想を嘲り（『逐鹿評』上、物格而後知至云々の頃）、全く喜怒哀楽の感情を殺すことを排する（『逐鹿評』下、身ニ忿懥スル所有レバ則チ其ノ正ヲ得ズ云々の項）態度とも通ずる。仏教、とりわけ大乗仏教の真意が果して絶欲を主張し、無念無想を強要するものであるかどうかは別として、ここに無心無欲より、持敬・節欲を主張する儒教の伝統思想の継承を見得る。

　をろかにも西とばかりはたのむかな　穢土に浄土はありける物を

（『惺窩先生倭謌集』巻四、雑部）

ここには人生の理想を彼岸に求むることなく、未来を追わず、常に現実を念頭におく儒教の実際主義的立場が明瞭に見てとれる。この宗教を去って道徳規範・倫理としての儒教への大きな背後に、すでに人間回復を目ざす近世思想の曙光が射しこんでいるのであって、惺窩の近世思想の先達たる理由もまたここにあった。

以上は惺窩の仏教観とも見るべきものであるが、彼は意識すると否とを問わず、あまり仏教について云々することを好まなかったので、彼はむしろこれに就いては敬遠主義を採ったと思われる節がある。

上ニ治統ノ君有リ。下ニ道統ノ師有ラバ、則チ渠(かれ)（仏者）何ゾ我ヲ妨ゲン。若シ其レ無ケレバ則チ渠ヲ奈何(いかん)セン。且ツ余ノ如キ者ハ、堅白未ダ足ラズ。而モ妄(みだり)ニ磨涅(でつ)ヲ試ムレバ、還(かへ)ツテ渠ノ議スル所ト為ル。愧ヅ可キ焉(これ)ヨリ甚シキハ莫(な)シ。唯自ラ警メ自ラ勤メンノミ。（「答林秀才代田玄之」『惺窩先生文集』巻十）

ここに堅白未足云々というのは、自分はまだ十分でないのに相手の汚点を改めさせようとすれば、かえって仏者の論議にはまりこむと、一応謙遜しながら、彼と理論闘争は避けて、もっぱら人倫の上からこれを否定しているので、この態度は実事実功を念とする実際的教説としての儒教本来の立場に立つもので、最も直接には程明道の仏教観を祖述したものと考えられる。

異書を見る態度

しかし惺窩はその前半生の閲歴からしても、決して仏書を読まずして、いたずらにこれを攻撃するものではなかったので、異端の書を読む心得を次の如く説いている。

異書ハ、先哲ノ戒ムル所。然レドモ亦、彼ノ崖略ヲ知レバ、則チ其ノ術中ニ堕チズ。……凡ソ異書ヲ見ルニ、異中ノ同ジキ処ヲ見ル莫(な)ク、同中ノ異ル処ヲ見テ、然ル後、異ノ実対ヲ知ラン。（「与林道春」『惺窩先生文集』巻十二）

儒先曰ヘル有リ、学者、吾ガ書ニ於テ見ル所有リ、見地堅ク定マッテ然ル後ニ異書

ヲ看レバ、亦宜シク他日、渠ノ術中ニ堕チザルベシ。（「与二順知一」『惺窩先生文集』巻十二）

けだしこれらの言説は惺窩多年の体験から出たものであって、学に志す者の参考になるところ少しとしない。とりわけ、異端の書においては、異中の同に眩惑されず、同中の異をよく見究めなければならないとしたものは、前の朱陸評において異中の同を強調したものと矛盾するようであるが、ここに同一儒学内と異端への対処にはっきり区別を示したものとして、実際論上からは、注目されてよかろう。

しかしながら人生の最も感受性に富む青少年期の情熱を五山学術の海に投じた惺窩の骨髄から、仏教とりわけ禅学の臭味は牢固として抜け得べきものではなかったので、惺窩学術の処々に仏教思想の影響の見え隠れするのもやむを得ない。とくに惺窩の信奉した宋学が元来禅学と密接なる関係にあったことを思わなければならない。

なかでも惺窩が、わが心の本性の中に元来天理が具わっているという陸象山の実践的易簡直截的態度に大きな理解を示し、さらにはそれを心学的に推進するところがあったと見られる三教一致論者林兆恩に共鳴するところが多かったところには、若年にして五山禅林の中に育てられ、禅の心法に薫染せられた惺窩に共通するものがあったように思われる。ここに歴史の厳粛さ、不思議さ、面白さを思わないわけにはゆかない。

なお顕著な一、二の例をあげるならば、惺窩が『逐鹿評』(大学要略)において林子(兆恩)の見解に従って、格物を物欲を去るの意に解するごとき、「五事之難」(『惺窩先生文集』巻九)のうち「因果」を説いて語句は儒家に採るも仏家思想に得るところあるごときものが、それである。

老荘観

親近と反撥

老荘派については、体質(多病であった)や性格などからして、遂に一生出仕することのなかった惺窩その人の隠君子的風格は、これと一脈相通ずるものを思わせ、事実彼は「題二扇面一」(『惺窩先生文集』巻八)・「楽活撮要序」(同巻七)等において、老荘派へのある程度の共感を示しているのであるが、しかしそれには飽くまで趣味、もしくは悠々として捉われぬ風懐として老荘的なるものの一面を愛したものであった。

凡ソ方ノ外ニ遊ブ者、道ヲ末技ニ寓シ、波ヲ庸愚ニ同ジクシ、世ノ聞達ヲ韜晦(とうかい)スル者、往々ニシテ焉(これ)在リ。古ノ所謂医トノ中ニ、多ク賢者ノ出ズル者有ルハ、寔(まこと)ニ以(ゆゑ)有ル哉。

といって、方外者流に一応の理解を表わしつつも、これに直ぐ続けて、

方今宇内搶攘(天下が乱れる)、独リ人ヲ医スル術無キノミニ非ズ、又能ク国ヲ医スル

ノ才無ク、時々徒ニ四海遠志無ク、一谿遂心ニ甘ンズノ句ヲ吟ズルノミ。吁已ミナン哉。（「楽活撮要序」）

と叫ばずにはいられなかったところに、単なる独善的隠遁者流に満足せず、国を医する大志を念願する儒教的政治思想を否定し得ない。

安民為政ノ外、詩書礼義無ク、詩書礼義ノ外、安民為政無シ。（「致ニ書安南国ニ代レ人ニ」『惺窩先生文集』巻九）

というものは、けだし修己に始まり治人に終る儒教本来の立場を顕示するものである。『寸鉄録』や『逐鹿評』に見ても、彼と人倫の上に立つ政治思想は決して無縁ではなかった。一例をあげれば、『逐鹿評』で、冒頭の「三綱領」の「明徳」を説いて、朱子がこれを形而上的天理、心性の方向から説くのに対して、惺窩は端的率直に「明徳ハ君臣、父子、夫婦、長幼、朋友ノ五倫ノ五典ナリ」と社会を規律する人倫の側面より説いているものがそれである。ここに理、哲学に走る朱子に対して、あくまでも人倫の実践を重んずる惺窩の立場を見落してはならない。従って彼が隠君子的風貌を示していたからというだけで、彼を老荘者流と見るのは誤りといわなければならない。

神道との関係

終りに惺窩の神道観はどうであろうか。

惺窩の神道思想を窺うべきものは少く、一般的に仏を排し、神儒一致を唱道していたと見てよい。神儒一致思想は既に南北朝時代において、度会(わたらい)家行、北畠親房、忌部(いんべ)正通等にその萌芽を見、ついで室町時代に至って一条兼良(かねよし)、吉田兼倶(かねとも)等によって形成されたとはいえ、彼等は同時に神仏ないし神儒一致思想を抱懐していたのであって、惺窩はそれを一層神儒一致の方向に推進したと見られるので、これは直接には林羅山、中江藤樹、熊沢蕃山、山鹿素行、貝原益軒らの江戸期儒者の神儒一致思想を呼び起すところがあったようである。

神儒一致と実践倫理化的傾向

このように神道を宗教的に取扱わず、生活規範として倫理的道徳的に取扱っているところに、江戸期以後の神道が実践的倫理化的傾向をおびていたことをうかがい得る。なお惺窩と神道との関係を考える上では、惺窩が一時、吉田神道の宗家吉田兼見の猶子であったこと(既述)をも視野に入れるべきであろう。

惺窩が儒に溺れず、あくまで日本人としての立場に拠って、儒道をも神道と融合しようとした態度は、中国文化に心酔するのあまり、ともすれば日本人としての立場を忘れようとする江戸時代の一部の儒学者とは大いに趣を異にするので、ここにもとより『元亨釈書』(虎関師錬著)や『神皇正統記』(北畠親房著)等に啓発されて、日本自身に目覚めつつあった時代思潮の影響を否定し得ないにしても——その最も端的な表現は、中江藤樹の時処位、貝原益軒・熊沢蕃山・雨森芳洲らの水土の自覚である——惺窩が中世歌学の泰斗藤原定家の後裔として生れ、一面において国学・和歌を通じて古典に沈潜する人であったことを忘れてはならない。

二　国学

惺窩が博学多識の人であり、ただに儒学ないし漢文学に通暁していたばかりでなく、国書はもとより仏書・耶蘇の法まで渉猟していたこと、国書においては『日本書紀』『万葉集』、歴代の和歌の類に精通していたことは羅山の「惺窩先生行状」や林東舟の「惺窩文集跋」の伝えるところである。彼が定家十二世の孫であり、著名な歌の家柄としての冷泉家の出であることを念頭に入れる時、これはもとより当然のことであったので、われわれはともすれば惺窩の近世儒学の開祖としての声望に心を奪われて、この方面の業績を全く閑却しがちであるのは遺憾である。

惺窩の国書の読書範囲

今試みに、『惺窩先生文集』『惺窩文集』に拠って惺窩の国書における読書書目の大体を考えるに、国文学関係のものに、『日本紀抄』『中臣祓』『中臣祓訓解』『神風記』『万葉集』『源氏物語』『源語全笈』『僻案鈔』『真澄鏡（増鏡）』『万首和歌』があり、詩文関係のものに『本朝文粋』『性霊集』『済北集』『岷峨集』『流水集』『中正子』があり、辞書関係のものに『倭名類聚抄』『名目鈔』があり、法制関係のものに『禁秘鈔』のごときものを見出す。なお三井元之助氏旧蔵の惺窩の書簡によれば、『延喜式』『三代実録』『東鑑（吾妻鏡）』の如きものも見受けられ、また高野辰之博士旧蔵の惺窩自筆神代記並びに『万葉集』の長歌二首の裏文書（賀古宗隆から惺窩に宛てた書簡、総べて二十四枚）によって、『仮名文字尽』『十帖（宇治十帖）』『徒然草』『東鏡（鑑）』『源氏休聞抄』『年代記』の類が読まれたことを知る。

以上は現存する資料の明証するところであるが、この外、惺窩の読書範囲を暗示する資料として見逃すことの出来ないのは、惺窩の「長嘯子につかはしける詞」（『惺窩倭謌集』巻五）と題する倭文を佐方宗佐（惺窩と同時代人）が注した「鶡の詞」ないし「かやくき」と題する一書である。東大寺所蔵のものは「鶡の詞」といい、神宮文庫所蔵のものは「かやくき」といっている。本書の註解するところに拠って惺窩の「長嘯子につかはしける詞」一篇の国文関係の典拠を拾えば、『源氏物語』『花鳥余情』『河海抄』『岷江入楚』（以上『源氏物語』関係）、『日本紀』『土佐日記』『伊勢物語』『万葉集』『古今集』『新古今集』『後撰集』『新勅撰集』『三秘抄』『堀川前百首』『六百番歌合』『本朝文粋』の如き書があり、その他俊成、定家、西行、家隆、俊頼、順徳院、曾禰好忠、壬生忠見等の諸家の歌が見受けられる。この中しばしば見られるのは『源氏物語』『万葉集』『古今集』の三書である。

以上の諸書ないし諸家の歌は、宗佐が惺窩の文を探索して見出した典拠であって、これをもって直ちに惺窩がこれを意識して用いたもの、従ってこれらの書を惺窩が熟読していたとは断じ得ないにしても、『惺窩先生倭謌集』を一読したほどのものは、惺窩の国文学における造詣にいささかの疑問もさしはさまないであろう。しからば惺窩はどの程度においてこれらの国書を理解し消化し研究していたか。以下注目すべきもの二、三について紹介することとする。

宋学的立場による『日本書紀』神代巻の分段改修化

惺窩が『日本書紀』を愛読したことはその詩文集によって明らかであるが、いかなる程度にこれを解釈し研究していたかは、従来不明のままに残されていた。しかるに昭和七年、高野辰之博士によって惺窩自筆と認められる「神代紀」が発見されるに及んで、惺窩の「神代紀」に対する研究の程度が明らかになった。

これは「神代紀」一巻の全部並びに二巻の中途までを諸本を書写し、朱筆をもって校

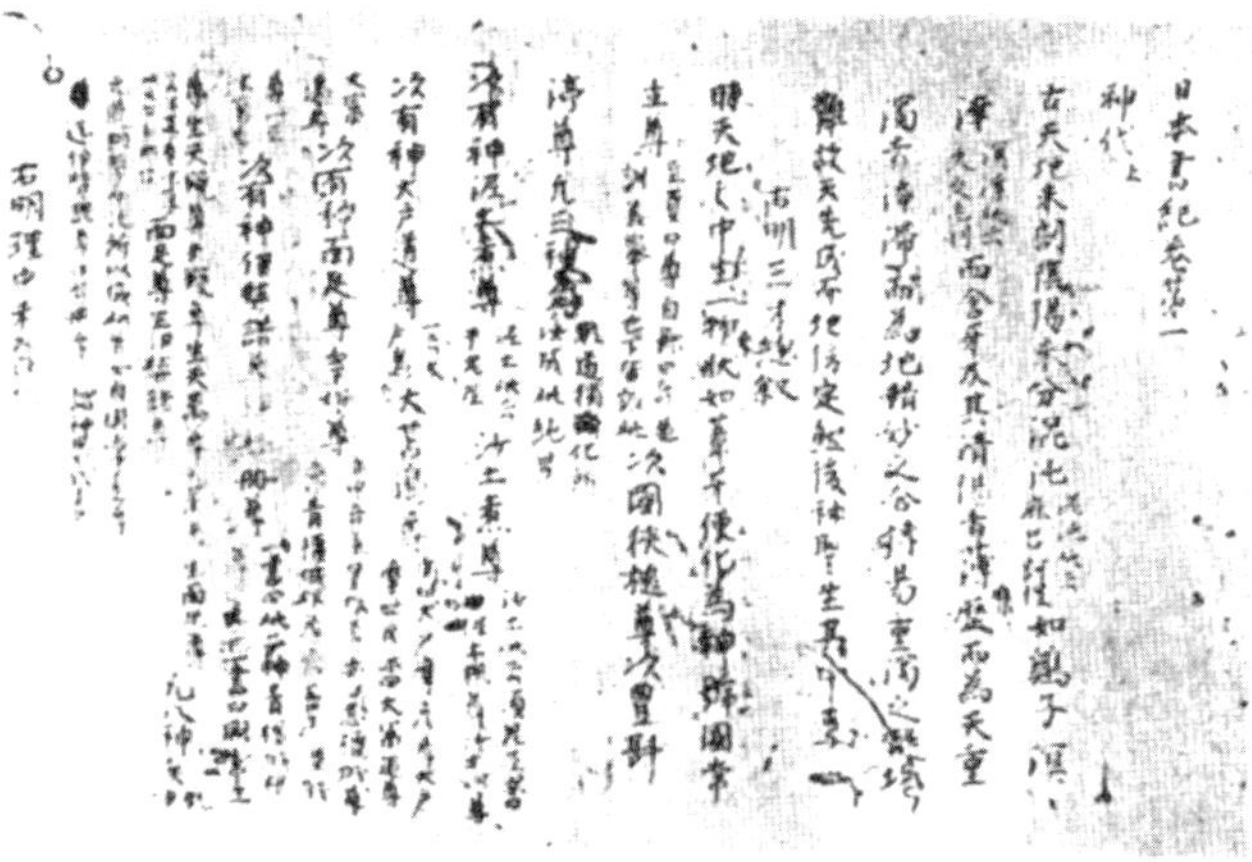

『日本書紀』神代巻惺窩改修私案

正したもので、分段取捨の間に多分に惺窩の見解が織りこまれている。高野博士の所蔵にかかわり、これについて博士はその『古文学踏査』中「藤原惺窩の神代紀改修」の項下に紹介しておられるが、以下同書を参考しつつ少しく解説を加えておく。

「神代紀」の裏文書によって時代を判定すれば、木下長嘯子が若狭小浜の城主であった時、赤松広通自尽（慶長五年）の前、董甫和尚（惺窩の叔父）入寂（慶長六年）前であったので、ひっきょう慶長四、五年頃を下らず、従って、惺窩がこの「神代紀」に指を染めたのは、彼の四十五歳以前のことに属するものと考えられる。

惺窩のこの「神代紀」は、単に某家の所蔵を借りて来て書写したというものではなく、神代巻に対して宋学の見解からこれに分段を試み、さらに各段に加筆して一書曰というものを本文に取り入れるところもあり、繁を避けるためか二、三字を削るところもあるというように、そこに多分に改修的意図をうかがうことができる。いったい分段を分つことは、忌部正通の『神代口訣』、一条兼良の『日本書紀纂疏』等にも見えるところで、必ずしも珍しいことではなく、すでにそれらに多少の儒教的影響をも見受けるとはいえ、惺窩の如く純然たる宋学の立場よりこれに分段を施すことは、前後を通じて惺窩を措いては他にこれを求められないようである。惺窩は神代巻の巻一を次の十四段に分っている。

㈠右明三才総敍　㈡右明理中未発神　㈢右明気中已発神
㈣右明形器造化神　㈤右明追悔祓除　㈥右明天理奉教
㈦右明天理衣食　㈧右明人欲衣食　㈨右明神明憑談
㈩右明神明開窺　(十一)右明復明至楽　(十二)右明帰罪逐降
(十三)右明理欲交戦　(十四)右明天真正勝

ここに「理中未発神」「気中已発神」「天理衣食」「人欲衣食」等といっているのは、全く宋学の理気の論、天理人欲の説を思わしめるもので、もって惺窩の「神代紀」に対する宋学的解釈の一端を見るべきである。巻二は大己貴神（おおあなむちのかみ）と事代主神（ことしろぬしのかみ）との問答の箇所で擱筆しており、かつ分段を施していない。

神代紀の本文を如何なる程度に改修しているかについて、高野博士は、「本文を前後して、旧事本紀（くじほんぎ）が陰陽（おんよう）本紀と天神本紀とに分けたのに倣ったこと、天岩戸開の段に、古語拾遺に載するところの阿波礼阿那多能志の歌を挿入し、素戔鳴尊（すさのおのみこと）の神逐いにあう次に、中臣祓を入れようとし、このあたりまでを上巻とし、以下を下巻に分けたこと、（中略）またかの伊弉諾尊（いざなぎのみこと）が黄泉国（よみのくに）から逃げ帰られる時、種々の物を投げて醜女を防ぎ給うことや、石凝姥（いしこりどめ）が神鏡を造ったことは一書曰の中に見えている肝要文字だがこれを捨て、天稚彦命（あめわかひこのみこと）の事蹟も半ばに略し、下照姫（したてるひめ）のことは、全くこれを省き去ったこと」などを挙げ、そのあまりにも大胆に過ぎることを非難しておられる。しかし文中「此下一条イ本無可削之」などと自ら朱書したところがあるのを見れば、必ずしも独断恣意のみによるものではなく、当時幾種もあった異本を参照して簡明な、やや縮約的な神代紀を編もうとしたものであろうことを指摘し、これは後年の平田篤胤によって行われた『古史成文』の先駆を為すものであったと説かれている。

しかしこの神代紀の改修は惺窩自身もその行き過ぎを感じたものか、慶長四年の初版

『日本書紀』神代巻の刊行に際会し、彼自らの修補本のことは断念するに至ったものと思われる。要するに惺窩はその博学の才識を駆って、宋学の立場から「神代紀」を解釈しようとし、遂に多少の改修をこれに加えようとしたもので、結果としてそれは意識すると否とを問わず、神典を仏教流に見る従来の傾向を排したものであった。

『中臣祓』について

また惺窩が『日本紀』とりわけ神代紀とともに『中臣祓』を愛読していたことは、彼が吉田兼見の猶子であったことと併せて、彼の神道観を考える上に参考となるところがあろう。彼がこれらの両書について相当の自信と見識をもっていたと思われるのは、『中臣祓訓解』『神風記』の二書を評して、「此等ノ書、眼ノ無キノ作ル所ナリ、観ルニ足ラズ」(「寄林三郎」『惺窩文集』巻三)といっているところにも窺うことができよう。

『万葉集』について

『万葉集』に関しては、北村季吟の『万葉拾穂抄（しゅうすい）』の序に、

今予が所用之本は、此仙覚が本をもて、妙寿院殿（冷泉）の校正し給へる本とかや。歌の前書、作者の書やう、訓点等、まことに藤斂夫の作為しるく、学者の益おほく、見やすかるべければしばらく用ひ侍し。

とあり、また同書巻頭の冷泉亭人の跋(貞享五年)に、

我ガ先惺斎、家伝ノ一本有リ。数本ヲ取ツテ之ヲ校正シ、秘シテ家ヨリ出サズ。時ニ田（吉田）玄之、懇ロニ之ヲ求ム。惺斎已ムヲ得ズシテ之ヲ許ス。玄之太ダ喜ビ、謄写シテ以テ其ノ家ニ伝フ。曽孫玄恒ニ及ンデ、北村季吟ト素好有リ。故ニ彼ヲシテ之ヲ写スヲ得サシム。今、拾穂鈔ノ由ツテ起ル所ナリ。

とあるによって、惺窩の万葉愛好が単なる愛読の域に止まらなかったのを知ることができる。すなわち惺窩は家伝の本を元とし、数本をもって校正し、訓点の如きも自説によってこれを改めるところがあったと思われるのであって、季吟の『拾穂抄』もこれに負うところが少くなかったことが知られる。

なお前記高野博士所蔵の惺窩自筆の『日本書紀』神代巻には、同じく自筆と認められる『万葉集』の長歌二首（山上憶良の反惑歌と大伴家持の諭族歌）が附されており、高野博士の「出でよ冷泉家伝本の万葉集——藤原惺窩筆万葉集断簡出づ——」（『国語と国文学』九巻六号）に従えば、この二首は仙覚本はもとより拾穂本とも一、二異る本文をもち、訓に至っては、とりわけ序の如きは到底比較できないのであって、この二首の本文並びに訓が果して惺窩の手になるものか、いわゆる冷泉家伝本を踏襲したものかなどについては、なお研究の余地を残している。

また天理図書館には、その奥書に「此万葉集之点者妙寿院惺斎公浅野紀（紀）伊守幸長公所望ニヨリテ門人伯郎ト云能筆ニ命ジテ写サセ点ヲ改奉之御本之点ノ写也可秘之　西川安之」とある古活字本万葉集を蔵している。本文並びに訓を諸本と比較すると、だいたい拾穂本と一致するようである。これを高野博士所蔵の『万葉集』二首と比較すれば、本文（標題および序の部分）において、時に少しの異同を免れないが、同一系統であることに相違なく、訓においては反惑歌の序の部分が、高野氏のそれが古雅な特徴のある訓であるのに対して、天理本のそれが漢文的訓読法を伝えていることが注意される外は全く同一である。なおこの天理本にあっては、『万葉集』の仏教関係の箇所はほとんど削除されており、これは拾穂本に「一本ニナシ」とあるものと全く符合するのであって、『拾穂抄』のいわゆる一本そのものが惺窩系統の本を指したものであることが知られる。このことはこの本の作者が儒者としての惺窩などではなかろうかと疑わしめるものがあることをいい添えておく。要するにこの本は惺窩が浅野幸長の請によって、門人伯郎をして『万葉集』を筆写せしめ、その訓点に手を加えたものの写しであるので、伯郎をして写さしめた原本が何本であったかについては確証はないが、あるいはいわゆる冷泉家伝本であろうかと思われる。そして惺窩がこれについて「点を改」めたというのは、どの程度においてであったかは、これまたはっきりしないので、一切は浅野に奉った惺窩手定の『万葉集』ないしは惺窩の拠ったと思われる冷泉家伝本万葉集の出現に待たなければならない。

なお浅野と交渉のあったのは、惺窩が浅野の招聘に応じて和歌山に赴いた慶長十一年、惺窩四十六歳以後の時と推定される。当時惺窩は全く儒者として立っていたのであって、この時にしてなお彼が『万葉集』に対してこのように深い愛情を示していたことが注目されなければならない。ひっきょうするに、惺窩の『万葉集』研究史上における地位は、以上の乏しい資料のみではまだ俄かに決断することはできないが、ともかく彼が万葉に対して単なる愛読の域を超えて、一歩研究的態度に踏み進んでいたものといい得るであろう。

『土佐日記』について

『土佐日記』に関しては、北村季吟の『土佐日記抄』の序に、「京極黄門(定家)の御自筆をうつせる本にもとづきつつ、又妙寿院真名をくはへ給ひし本侍に、所々かはれる事あるをも、しりへにならべしるし侍りて」云云とあり、なお妙寿院本の奥書として、「明応壬子仲秋候、亜槐藤原」の署名のある識語を転載している(亜槐(大納言)藤原は池田亀鑑氏によれば三条西実隆であるという)。しかも従来いわゆる妙寿院本はその断片が『土佐日記』註

妙寿院本土佐日記

釈書類に引用されていたほか、原本は久しく学界に知られなかったが、池田亀鑑氏により、その所蔵本の全文が岩波文庫本『土佐日記』中に収載されることとなった。池田氏所蔵本は明応壬子（明応元年、惺窩の生前六十九年）の亜槐藤臣の奥書の末尾に「右妙寿院以自筆本一字不違朱句切、仮名一字不違書写畢」と記されているので、いわゆる妙寿院本の原形に近いものと思われる。筆者の触目した江戸初期の写本と認められる蓬左文庫所蔵の妙寿院本にはこの一句がないが、本文はほとんどこれと変りがないので、惺窩自筆本が現われぬ限り、池田氏所蔵本を以てしばらく妙寿院の原本と見なしておいて差支えないであろう。

今この書の本文を、『群書類従』所載の明応壬子の亜槐藤原の署名のあるいわゆる亜槐本と比較すると、これが片仮名交り文であるのに対して彼が平仮名交り文であるという相違のほかは、彼に比してこれは漢字の箇所がよほど多くなっている。しかも妙寿院本はその奥書に拠れば、いわゆる亜槐本を底本としたものであるから、季吟が称して「妙寿院真名をくはへ給ひし」というのは、妙寿院本中の、亜槐本以外の漢字の箇所であると見るべきであろう。しかしながらその漢字の宛て方には往々にして妥当を欠くものもないわけではないので、必ずしも高く評価することは出来ない。それにもかかわらず、

『土佐日記抄』を初め江戸時代の多くの『土佐日記』の註釈書は本書に負うところが少なくなかったので、よしこうしたものが註釈学的に見ても極めて啓蒙的のものであり、その上多少の誤まりを免れなかったとはいえ、この方面においても惺窩の先駆的意義は認められなければならないであろう。

『徒然草』について

なお『徒然草』については、松永貞徳が惺窩の教えを受けたことは、貞徳の『なぐさめ草』の記すところである。

要するに惺窩はその儒学に於けると同様に、国文学の分野においても近世史上先駆的意義を認めうるのであって、ことに『日本書紀』『万葉集』等の古典に心を向けたところに、文芸復興期の源頭に立って、はるかに江戸中期の復古精神・国学思想と呼応する何物かを示唆するものがあるのである。なお惺窩の国文学に関しては、池田亀鑑氏に「藤原惺窩と国文学」(藤村博士記念論文集『近世文学の研究』)なる論文があることを書き添えておく。

三　文　芸

以上は惺窩の学術としての儒学並びに国学の大要であるが、彼は単なる学究者に止まらず、一面においては芸林の人でもあったので、ここに詩人ないし歌人としての惺窩の側面がある。

文芸観

なお詩人ないし歌人としての惺窩を見る前に、彼の文芸観を一瞥しておくことも無駄ではないであろう。彼の文芸観を示すものとして比較的纏まったものは『文章達徳綱領』であるが、これはすでに著述の項で述べたように古人の詩文に関する見解を分類して編纂したもので、その取捨ないし分類の様式方法に間接的に彼の見解を窺うことはできても、積極的に彼の文学論を知るたよりとはなし難い。よってここには彼の文集に拠ってその文芸観のおおよその傾向を見ることとする。

文と道

惺窩は中国の学者文人の多くがそうであったように、文を以て「道を載するゆえん」としたところによく表われているように、道の表現とみたので、「道の外、文無く、文の外、道無し」（「与林道春」『惺窩先生文集』巻十二）の句は端的にこれを証するものといわなければならない。

芸に遊ぶ

しかし彼はその生活態度が示しているように、決して固陋一偏な道学先生ではなかったので、芸に溺れることは排しつつも、芸に遊ぶ余裕をも併せ否定するものではなかった。

書史全一、補闕一、亦復(またまた)博洽ニ備フ、此等ノ書ハ、正学ニ益無キ若(ごと)シト雖モ、又芸ニ遊ブノ一。而シテ芸ト徳ト、礼書暫ク分ツテ之ヲ言フ。然レドモ亦、古人以テ二途ニ非ズト為ス。……若(も)シ夫(そ)レ二ト為サバ、則チ世俗ノ芸ニ溺レ、短ヲ争ヒ長ヲ競ヒ、能ヲ争ヒ勝ヲ求ムルノ謂(い)ヒニシテ礼書ノ芸ニ非ズ。論語ノ游ニ非ル者、之ヲ溺ト謂ヒ、之ヲ曲ト謂ヒ、偶(たまたま)徳ヲ害スルニ足ル。（「与二林道春一」『惺窩先生文集』巻十二）

習物喪志

ここに彼の称して「芸に溺れ、短を争ひ長を競ひ、能を争ひ勝を求む」というものは、いわゆる翫物喪志であり、これはまさに彼が「予おもへらく翫物喪志は、風雅立教の意に非ず」（「答二若州羽林君一二首」『惺窩先生文集』巻四）として烈しく攻撃するところであった。従って彼は極端な刻彫的技巧はともすれば翫物喪志に陥るものとしてこれを排斥したのである。

優游迫らず

今時ノ詩ハ、小巧浅露ニシテ、多ク用事（故事を用いる）属対（対句に苦心する）ノ為ニ索強セラレテ、優游迫ラザルノ体ヲ失ヒ、却ツテ謂フ古人ノ詩、甚ダ工ナラズト。蓋シ氷ニ鏤(ちりば)ムル文章ノ工巧為(た)ルヲ知リテ、水ニ著(つ)ク塩味ノ密蔵為ルヲ知ラザル者カ。蒙荘（荘子）ノ言ニ云フ、日ニ一竅(きょう)ヲ鑿(うが)チ、七日ニシテ混沌死スト。詩ニ於テモ亦、斯(か)クノ如キカ。意ヤ体ヤ、首尾ニ、胸腰ニ、斧鑿ノ死句ニ至ラザル者未ダ之レ有ラ

ズ。（「次二韻梅庵由己一幷序」『惺窩先生文集』巻三）

これは小巧浅露、あまり小手先の技巧に走る当時の詩風を痛撃したもので、あわせて優游（ゆう）として迫らず、一見淡白のようで中に深味を蔵するところに、彼の念願した理想の詩境をうかがうことができる。このあたりには最も晩唐の司空図、南宋の姜夔（きょうき）、同じ南宋の張表臣等のいわゆる神韻詩派の先輩に共通する見解を見ることができる。そしてこの彫り刻むような技巧を排する彼の立場は、またおのずから誠を尊重する立場ともなったと思われる。

簡淡平易と誠

簡淡平易ニシテ、心ニ誠有ツテ人ヲ感ゼシメザル者ハ未ダコレ有ラズ。刻彫藻繢（そうかい）（詞を極端に飾りたてる）ニシテ、誠有ラズシテ能ク人ヲ感ゼシムル者ハ蓋シ寡シ。（「若州刺史祖母挽詩五首幷序」『惺窩先生文集』巻四）

というものがそれである。

なお彼は詩文に時代ないし個性による変化（流行）を認めつつも、その根底に時代を超えて変らぬ不易的な標準を認めていたことが注目される。

変化と不易

夫レ古人ノ詩ニ於ケルヤ、評スル所、判（わか）ツ所、工ト為シ巧ト為シ奇絶ト為ス者、今時ノ製作評品ト決シテ脗合（ふんごう）セズ。……時ヲ以テ変ジ、人ヲ以テ別ツ者、実ニ然ルナリ。其ノ好シトシ好シトセザルヲ為ス所以ノ者ハ、実ニ然ラズ。古今彼此、豈異ル有ランヤ。其レ猶相梨橘柚ノゴトキ、味各〻同ジカラザレドモ、皆、口ニ可シ。其ノ口ニ可カラザル者ハ正味ニ非ズ。味同ジカラザル者ハ、古今ノ異ナリ。諸家ノ別ナリ。口ニ可キ者ハ詩ノ好キナリ。口ニ可カラザル者ハ、詩ノ好カラザルナリ。

（「次二韻梅庵由己一幷序」『惺窩先生文集』巻三）

むずかしい表現で、はっきりしないところもあるが、時代の変化や人の差別を認めながらも、さまざまな果実が結局口によろしいように、古今彼此の相異を超えて人間の心にプラスする正味というようなものがあるというのであろう。その正味、不易的標準の内容が何であるかは説かれていないが、以上見て来たところによってそれが『中庸』に「天命、之を性と謂ひ、性に率ふこれを道と謂ふ」とか、「誠は天の道なり、これを誠にするは人の道なり」などと説かれるところの、天人を貫く道としての誠であろうと推測されるのである。

なお惺窩が詩を学ぶものの心得として説いたもののうち、彼の詩的傾向もうかがうに足るものに次の如きものがある。堀杏庵の『杏陰稿』（巻四）によれば、惺窩は韻脚弱ければ、詩もまた幼弱なりとし、韻脚の法を会得しようとすれば律詩、とりわけ七律を作る

学ぶべき詩集

べきを述べ、また詩集の中では『瀛奎律髄（えいけいりつずい）』『風雅翼』を熟読すべく、歴代の詩の中では唐代のそれにならうべきを説き、また『鵞峰林学士文集』（巻七十八、哀悼六）に依れば、古詩を学ぶには『文選（もんぜん）』『風雅翼』、律詩を学ぶには『瀛奎律髄』、絶句を学ぶには『聯珠詩格』を見るべしとしているのは、彼の詩学の学ぶところ拠るところを示すものとして注意される。このうち『瀛奎律髄』『聯珠詩格』は室町期の中葉以後、五山僧侶の間に盛んに用いられていたもので、五山文学から出た惺窩もこれを踏襲したものであろう。しかし以上の所論は惺窩がかくあるべし、ないしはかくありたしとするところの理想論であって、彼の詩文の実際がいかなるものであったかということは、おのずから別箇の問題である。

惺窩の詩文の傾向

彼の詩はだいたい唐宋を併取しており、必ずしも特色ある詠風ではなかった。学殖を表わしている割合に直観の閃きは少なく、読者に迫る力にはやや欠けているようである。文章は羅山の「東山賓主詩歌跋」（『羅山林先生文集』巻五十一）を評して、「足下の旧作に比すれば則ち甚だ異るなり。漸く皇明三家の文瀾に流るるか」といい、その直後にみずからの文について、「某（それがし）ノ如キハ、宋ノ頭巾ノ気習ヲ脱脚セザル者ナリ」（「与二林道春一」『惺窩先生文集』巻十二）といっているところに見ても、おおよそより多く宋風であったといえよう。那波魯堂はその『学問源流』において惺窩の詩文を評して、「詩ハ唐宋ノ集ヲ雑ヘ用ユ。文ハ四家八家ヲ用ユレドモ、時化未ダ至ラズシテ、侭和気和習ヲ免レズ」といっている。

要するに惺窩の詩文はおおかた五山文学の風気を受け、唐宋を併取しているものの如く、必ずしも詩格高からず、彼の本領はやはり儒学にあったので、詩文はむしろ余技であり、学殖の見るべきほかは格別に取りたてて説くまでもない。しかし江戸期三百年の文運を興起して来る意味で、その歴史的価値はこれを認めなければならない。

和　歌

惺窩が冷泉家の出として和歌を好み、折にふれて吟詠もって思いを遣ったことは、『惺窩先生倭謌集』がこれを証明しているが、進んで彼はいわゆる御国振りとしてこれを人にも勧めたものと見えて、『羅山文集』には「先生嘗テ僕ニ勧ムルニ倭歌ヲ以テス。謂ハク我ガ風俗豈意無カランヤ」（「呈二惺窩先生一幷歌」『羅山林先生文集』巻二、慶長十六年作）と記している。

和歌の交友関係

惺窩の交友関係をかえりみる時、惺窩に臨んだ和歌的傾向はいよいよ明らかになってくるので、その一斑をあげれば、彼の最も親しかったと見られる十人ほどの多くは、歌友ないし国文学愛好者であった。すなわち歌友に木下長嘯子、松永貞徳、中院通勝をあげることができ、国文学関係の人に賀古宗隆、大村由己を数え得るし、なかでも長嘯子と貞徳は最も親しかったことは、すでに惺窩の交友の項で触れた。

このうち通勝、貞徳の二人は、室町末期江戸初期における二条派の最後の大物細川幽斎（名は藤孝、慶長十五年歿、年七十七）に就いて歌を学んだ人であり、従ってその影響を多分に受けた。長嘯子は必ずしも二条派の歌格に拘泥せず、むしろ冷泉家の正徹に私淑して、当時にあっては比較的自由かつ独特の歌風を示したのであるが、時代は一般に二条派が支配勢力を保っていた。従ってこれらの歌人と交際し、時には相携えて歌筵を催し、連歌に興じた惺窩の歌風に、彼等の影響が全く無かったとはいえないようである。

『惺窩先生倭謌集』

惺窩の和歌は現在三百七十余首、『惺窩先生倭謌集』五巻（但し最後の一巻は和文）に収められているので、これについて惺窩の歌作の実際を見よう。

惺窩の歌風は概略的にいえば、室町末期の繊細でぬいとりを事とするようなもので、多分に技巧的・智巧的であり、従ってまたその反面に難渋を免れなかったように思われる。そしてそれはまた、いずれかといえば彼の因って出づるところの冷泉家の歌風を継いだものと言えよう。

山かげの雪に棹さす舟やいづれ　はなよりいづる春の三日月　（花）

棹姫やはなのかつらをかけそめて　いろなる雲の今朝はみゆらん　（立春）

冷泉家と二条派

夏の夜の虫の音いそぐすずしさに　こほりをかたる庭の月かげ　（夏月）

見るがうちに雪げの雲のさえはてて　あらしを出づる月のさやけさ　（対寒月）

終りの二首の如きは、手がこみすぎて、丈の立たないところは、当時一般の彫虫の弊に陥っている。

いつしかに行くとも見えぬ沖津ふね　あとなき波の末のしら雲　（海路）

むらがらす夕日さびしき嶺とをく　かへる翅のいろに暮れゆく　（題しらず）

これらの方向は正徹らを含む冷泉派を通してやがて定家につながるものがある。このことは彼が、俊成・定家を敬重し、冷泉家の伝統を継承した正徹をなつかしんでいること（「書二正徹老人親筆倭謌後一」『惺窩先生文集』巻八）などを考え併すべきである。

しかし一方彼はまた当時の歌壇の主勢力であった二条派の歌風と全く無縁のものではあり得なかった。

かすみつつそれともわかずあめつちの　初めもかくし春や立つらむ　（立春）

ふりつもる雪のそこなる窓のもとに　なれし声さへうづむ松が枝　（雪中松樹低）

これらの歌は二条派の平淡を受けたものであろう。

世中よくだりはてにきこよひしも　つきすみのぼるいにしへの空　（八月十五夜）

これをさへ世の有りさまの今夜かも　おもひの外に月のくもれる　（八月十五夜月雲）

これらは二条派の平淡の中に多少の理（筋）を寓する歌風をうけたものであろう。

なお惺窩の歌風について注意すべきは、主観の表われの濃厚ないわば道歌とも称すべき一群の歌である。

いつも〳〵同じこととて世のうさを　いはで唯にはやむべき物か　（述懐）

まどはじとまなびしとしの秋もなし　わが身にかへす春の荒小田　（壮年述懐）

この方面は惺窩に臨む儒者ないし道学者としての一面を物語るものであるが、またこれは文芸におけるいわゆる華実のうち、実（理義）の方途を指すものであって、ここには儒教の道学的文学観の影響が濃いようである。しかし彼はその生活の行跡が示しているように、決して固陋一偏な道学先生ではなかったので、その評論においても芸に溺れることはこれを排しつつも、芸に遊ぶ余裕をも併せて否定するものではなかったことはすでに一言した。

うしとのみ何思ひけんこころから　このよも月のよそならぬよを　（題しらず）

よしやかのうきにつけても猶頼め　つみに泣くらんなさけある世を　（愚哀）

これらの歌に至ると、さすがに世の風霜に耐えた惺窩の人格の深さが浸み出ているので一読深い感銘にうたれる。

身をかくすよすがの山もあらなくに　なれだにしげれ庭のまつ蔭（長嘯子につかはしける詞）

山蔭やたづねはうとしともがきの　へだてなきどち雪まろばさむ（雪）

ここには惺窩の孤高な詩人的性格を見るのであって、西行や良寛の一面に通ずるものがある。

なかなかにくもれば晴るるつきもみつ　さだめなき世のうき雲の空（月）

木の葉ちる木するゑに山はあせて猶　ふかくも住やひとのこころの（山落葉）

このあたりには惺窩に臨んだ清澄なる悟境を見るのであって、中世歌人の願った有心体の歌などにかつがつ参ずるものであろうか。

かたしきの袖に落つる秋のかぜ　枕のうへの大ひるゐのやま（平の昌茂修学院といふ所にかくれ侍りける比、とぶらひまかりたるに「大比叡とをとに聞しを今夜しもさむさしらるるかたしきの袖」とひとりごちければ）

これは漢詩の一面に学んで、格の大きい歌というべきであろう。

しかし以上あげて来たような歌は、むしろ惺窩の秀歌に属すべきものであって、全般

詩論と和歌の実際との背離

的に見ると、極端なる刻彫技巧を翫物喪志として排し、いずれかといえば天真自然にして深い風趣を漂わすことを理想としたその詩説などとは却って反対に、繊細でぬいとりするような芸を弄んだものが多く、徒らに難渋で、読者に迫る真実性には乏しい憾みがある。このように彼の裡(うち)において、詩論の帰趨と和歌の実際とが相背離していたことは、いろいろな意味ですこぶる示唆に富むこととしなければならないので、ここに後来契沖・賀茂真淵らの和歌の復古的革新運動の必然性と、それを触発してくる、才学・理癖に走る宋詩を排して、感動・興趣を主とする唐詩を標榜する南宋の厳羽の『滄浪詩話』などを中心とする詩論の位相がおぼろげながら予想される。これを時代的に見れば、室町末期の真実の感動よりも細かい手先の芸を弄ぶ歌風に通ずるものがあり、これを宗派的に見れば冷泉家を主として間々二条派を交えたものであったようである。ここに彼に臨んだ家学的伝統の牢固として動かしがたいことに改めて驚かざるを得ない。

津村正恭がその著『譚海(たんかい)』(巻三)において、「先生の和歌は、万葉の古風を好て詠ぜられたり。当時万葉の風を好み詠ずる者多し。惺窩その俑(よう)を作りたりと云べし」といっているのには同じがたい。惺窩が万葉を愛読し研究したことはすでに述べた通りであるが、歌作における万葉の影響は決して顕著ではないのであって、むしろ新古今ないし古今の系統に属し、ことにその余弊を多分に受けたものといえるので、ここにいかに和歌的伝統が彼の上にのしかかっていたかを知り得よう。

惺窩と連歌・聯句

なお最後に惺窩が連歌ないし聯句を行っていたことを一言しておこう。

惺窩が貞徳と交際があったことはすでにその間に連歌的交渉を思わしめるものがあるが、彼が明らかに連歌を試みたことは、林道春に与えた書簡（三井元之助氏旧蔵）に、「連句稿一冊借進之候。此内雪月題聯有之事に候。一覧了畢候はば、亀三郎かたへ可遣之候。彼所望之由候き。聯句旧章九冊亀三へ遣之候。可有一覧候也」とあるによっても知られ、また彼が連歌の宴に加わったことを証するものとしては、「恕仙法師を悼る辞」（『扶桑拾葉集』巻二十七所載）をあげなければならない。また彼が漢和ないし和漢聯句を試みたであろうことについては、道春宛の書簡に「且又近来漢和和漢等御稽古之由珍重候」（三井元之助旧蔵文書）とあることを参考すべきであろう。

惺窩の学問・文芸の特徴の要約

要するに、惺窩は幼時仏に入り、壮年にしてその非を悟って儒に帰し、その済々たる門流によって近世儒学とりわけ朱子学派の開祖たるの栄誉をかち得たのであるが、彼は一般に考えられているように純乎たる朱子学者ではなく、漢唐注疏学に対しては宋明性理の学を標榜したことは誤りないとしても、必ずしも陸・王をも捨てなかったので、むしろ汎宋学的立場であったものというべきであろう。

そして『逐鹿評』（大学要略）や『日本書紀』神代巻などに見ても、自主的立場に立って新しいものをうち樹てようとする気先さえ示しているので、後世の朱子学派のある者に見るような固陋偏執には遠く、国学はもとより、老荘家の思想の如きをも一概に排斥せず、倭歌吟詠をも廃せず、総べてをうって一丸として、自己の学的体系の礎石としようとする概があった。ここにこそ文芸復興期におけるよき啓蒙家としての彼の役割を見るべきで、後進をして権威や規格を超えて自主的に考え判断する学的態度を示唆するところがあったので、中江藤樹や伊藤仁斎などの興起にとってもある種の刺戟と鼓舞を与えたのではあるまいか。それればかりではない。国学等の分野をも含めて近世文運の多方面における清新な先駆者的役割を果し得たというべきであろう。そしてそれが、彼の匂うような清澄高雅な人柄によって、その光を一段と輝くものにしたのであった。

〔附記〕　本書挿絵の遺跡関係の写真については、安永悦子、森本善信、加瀬幸次、上釜守善諸氏の御好意を頂いた。

略年譜

年次	干支	西暦	年齢	事蹟	参考事項
永禄 四	辛酉	一五六一	一	播州三木郡細河荘に生る	九月、川中島の戦○策彦六四歳、細川幽斎二八歳、文之七歳。中国・明世宗嘉靖四〇年、朝鮮・明宗一六年
一〇	丁卯	一五六七	七	七、八歳にて僧となり、竜野景雲寺東明昊和尚に師事す	一〇月、松永・三好合戦のため大仏殿兵火にかかる○姜沆生る
元亀 三	壬申	一五七二	一二	五月一二日、嗣法の師文鳳寂	一二月、三方原の戦で信玄、家康を破る
天正 六	戊寅	一五七八	一八	四月一日、父為純・兄為勝、別所長治に攻められ戦死。母と兄弟を奉じて京都に来たり、叔父寿泉を頼り相国寺に入り、南豊軒に学ぶ○このころ一時、吉田兼見の猶子となる	三月、上杉謙信卒（四九歳）
八	庚辰	一五八〇	二〇	九月、風病のため有馬温泉に湯治す	一月、秀吉三木城を陥れ、別所長治自殺○五月、安土城成る
一一	癸未	一五八三	二三		羅山（林道春）生る○秀吉賤ヶ岳に柴田勝家を破り勝家自殺す
一二	甲申	一五八四	二四	五月、文鳳の十三回忌を営む	四月、家康、秀吉を長久手に破る（翌々年講和す）○六月、イスパニア人初めて来る

天正一三	乙酉	一五八五	二五		七月、秀吉関白となる
一八	庚寅	一五九〇	三〇	七月、朝鮮国使黄允吉・金誠一・許箴之来朝、惺窩しばしば大徳寺に赴き、これと筆語酬和す△このころ柴立子と号す。「柴立子説、贈蕣上人」(許箴之・山前)	七月、秀吉小田原城を陥る○八月、家康江戸城に入る○一一月、秀吉朝鮮国使を聚楽第に引見
一九	辛卯	一五九一	三一	関白秀次の召に応じ、五山の僧徒と詩を相国寺に闘わす○「名臣小伝跋」	九月、秀吉、朝鮮出兵の令を下す
文禄元	壬辰	一五九二	三二	「山州橋本新橋銘并序」	一〇月、秀吉、名護屋に至る
二	癸巳	一五九三	三三	夏、豊臣秀俊に随い肥前名護屋に遊び、同地に来朝中の明国信使に遭う。この地で家康に謁す○一二月、江戸に赴き家康のために『貞観政要』を講ず○「四景我有解」	五月、明国信使、名護屋に至る○一一月、『古文孝経』刊。後陽成天勅版の初め
三	甲午	一五九四	三四	なお江戸に在り、三月一七日、母の死に遭う。この前後、儒者としての信念ほぼ確立す○「弔二石田氏一」	秋、秀吉の伏見城成る○一二月、明と和議成る
慶長元	丙申	一五九六	三六	三月、「古今医案序」を草し、「惺斎斂夫粛」と署し、儒者たるを明らかにす○六月二八日、京都発、閏七月一六日、薩摩の山川津に到り、冬入明の使船を得て出帆し、風濤に遇って鬼界島に漂着す	五月、家康内大臣となる○九月、秀吉、明再征を議す
二	丁酉	一五九七	三七	夏、鬼界島より帰洛。爾後直接六経等について	一月、秀吉再び朝鮮に出兵

年	干支	西暦	年齢	事績	一般事項
三	戊戌	一五九八	三八	学び、儒者の立場を確立す 秋、伏見の赤松広通の邸で朝鮮の捕虜姜沆に会う。広通に勧めて姜沆等に四書五経を浄書せしめ程朱の意に拠って訓点を施す。また赤松公の力で一室を構えて大成殿に凝し釈奠の礼を行う	八月一八日、秀吉薨(六三歳)。同二五日朝鮮遠征軍を召還
四	己亥	一五九九	三九	石田三成の招聘に値い、まさに往かんとして果さず△姜沆の「文章達徳綱領」叙。「是尚窩記」「惺斎記」「五経跋」成る	閏三月、前田利家卒(六二歳)○四月、家康、勅版『大学』『中庸』成る○五月、家康、伏見において足利学校の元佶をして『孔子家語』『三略』『六韜』を活版印行せしむ。幕府官版の初め
五	庚子	一六〇〇	四〇	五月、姜沆等帰国○一一月、赤松広通自決(三九歳)○冬、入洛中の家康に深衣道服して謁し僧承兌・霊三と答問して、仏に帰ることを肯ぜず、対明勘合船専対となるを断わる	九月、関ヶ原役
八	癸卯	一六〇三	四三		二月、家康、征夷大将軍に任ぜられる
九	甲辰	一六〇四	四四	八月二四日、林道春初めて賀古宗隆の家にて惺窩に面謁、師弟の契を結ぶ。道春時に歳二二。これより書簡の往復しきり○この頃より「神代紀」改修に志す○「答林秀才代田玄之」「致書安南国代人」「舟中規約」	
一〇	乙巳	一六〇五	四五	夏秋の交、市原に山荘を営む	四月、秀忠将軍となる

慶長一一	丙午	一六〇六	四六	秋、紀州太守浅野幸長の招に応じ和歌山に赴く。以後、冬往き春帰るを常とす。浅野公のため経書を抄し仮名の注解を附す。『寸鉄録』ならん。戸田為春・永原松雲らしばしば道を聞きに来る○一一月、「重建和歌浦菅神廟碑銘并序」	四月、秀忠将軍となる
一二	丁未	一六〇七	四七	七月、中風にて半身を病み手利かず○この前後より吉田如見・堀杏庵・菅得庵・武田夕佳ら入門	三月、角倉了以、富士川の舟路を開く○四月、林道春、将軍侍講となる
一四	己酉	一六〇九	四九		八月、平戸にオランダ商館を開く
一五	庚戌	一六一〇	五〇	この前後、浅野幸長のために『万葉集』に訓点を附して奉る	八月、細川藤孝（幽斎）卒（七七歳）
一六	辛亥	一六一一	五一	「欹案銘并跋」（菅得庵玄同のため）	この頃より道春、駿府に住む○六月、加藤清正卒（五一歳）
一八	癸丑	一六一三	五三	八月、浅野幸長卒（三八歳）。ために往いて弔し太守の歯骨を高野山に埋む	一二月、天主教を厳禁にする
一九	甲寅	一六一四	五四	春、林道春の建議により校を京都に設け、これが祭酒（校長）に擬せられたが、一一月、大坂冬の陣起り、実現せず	七月、角倉了以卒（六一歳）○一〇月、大坂冬の陣起る
元和元	乙卯	一六一五	五五	「賛城泉牧昌茂寿像」	四月、大坂夏の陣起り、五月、秀頼自殺（二三歳）。豊臣氏滅ぶ
二	丙申	一六一六	五六		四月、家康薨（七五歳）

三	丁巳	一六一七	五七	「題三笑図」	八月、後陽成上皇崩御（四七歳）
四	戊午	一六一八	五八	「題淵明画軸并序」	
五	己未	一六一九	五九	春、夕顔巷の詞を作り道春に贈る〇九月一二日卒。時雨亭、定家の傍に葬る	中国・明神宗万暦四七年、朝鮮・光海君一二年〇木下長嘯子五一歳、如竹五〇歳、吉田素庵五〇歳、松永貞徳四九歳、林道春三七歳、石川丈山三七歳、堀杏庵三五歳、松永尺五三〇歳、那波活所二五歳、谷時中二二歳、中江藤樹一二歳、野中兼山五歳、山崎闇斎二歳、林鵞峯二歳、熊沢蕃山一歳、木下順庵生前二年、山鹿素行生前三年、伊藤仁斎生前八年

主要参考文献

○基礎的文献

井上哲次郎・蟹江義丸編「惺窩文集」(抄録)(『日本倫理彙編』朱子学派) 育成会出版 明治三五年

太田兵三郎他編『藤原惺窩集』巻上・巻下 国民精神文化研究所 昭和一三・一四年

(注) 本書は藤原惺窩全集ともいうべきもの。その解題は伝記・思想・文芸の各方面にわたって詳細である。なお同書の復刻本が昭和五三年、思文閣出版から刊行された。

金谷治編『藤原惺窩』(抜粋)(日本思想大系) 岩波書店 昭和五〇年

○伝記関係

今中寛司・島田清著『藤原惺窩』 兵庫県教育委員会・三木市教育委員会・神戸新聞社 昭和三七年

坪井正直著『いちはらの——市原野小学校創立一〇〇周年記念誌——』 市原野小学校創立一〇〇周年事業実行委員会 昭和五〇年

○思想・文学関係

井上哲次郎著『日本朱子学派の哲学』 冨山房 明治三八年

芳賀矢一著『日本漢文学史』（『国語と国文学』と合冊） 冨山房 昭和三年

池田亀鑑「藤原惺窩と国文学」（藤村博士記念論文集『近世文学の研究』所収） 至文堂 昭和一二年

太田兵三郎「藤原惺窩の学的態度」（『近世日本の儒学』所収） 岩波書店 昭和一四年

大江文城著『本邦儒学史論攷』 全国書房 昭和一九年

太田青丘「藤原惺窩と和歌」（『日本歌学と中国詩学』所収） 弘文堂 昭和三三年

阿部吉雄「藤原惺窩と朝鮮儒学」（『日本朱子学と朝鮮』所収） 東京大学出版会 昭和四〇年

松下忠「藤原惺窩」（『江戸時代の詩風詩論』所収） 明治書院 昭和四四年

今中寛司著『近世日本政治思想の研究』 創文社 昭和四七年

金谷治「藤原惺窩の儒学思想」（日本思想大系『藤原惺窩』所収） 岩波書店 昭和五〇年

○五山文学関係

足利衍述『鎌倉室町時代と儒教』 日本古典全集刊行会 昭和七年

その他、個々の雑誌論文は本書の各項を参考されたい。

著者略歴

本名　兵三郎
明治四十二年生れ
昭和九年東京大学文学部支那哲学支那文学科卒
法政大学名誉教授　文学博士
歌誌『潮音』主宰
主要著書
日本歌学と中国詩学　芭蕉と杜甫　唐詩入門
太田水穂研究　太田青丘全歌集

人物叢書　新装版

藤原惺窩

昭和六十年九月二十日　第一版第一刷印刷
昭和六十年十月　一　日　第一版第一刷発行

著　者　太田青丘（おおたせいきゅう）
編集者　日本歴史学会
代表者　坂本太郎
発行者　吉川圭三
発行所　株式会社　吉川弘文館
東京都文京区本郷七丁目二番八号
郵便番号一一三
電話〇三―八一三―九一五一〈代表〉
振替口座東京〇―二四四
印刷＝平文社　製本＝大和工業

『人物叢書』（新装版）刊行のことば

人物叢書は、個人が埋没された歴史書が盛行した時代に、「歴史を動かすものは人間である。個人の伝記が明らかにされないで、歴史の叙述は完全であり得ない」という信念のもとに、専門学者に執筆を依頼し、日本歴史学会が編集し、吉川弘文館が刊行した一大伝記集である。

幸いに読書界の支持を得て、百冊刊行の折には菊池寛賞を授けられる栄誉に浴した。

しかし発行以来すでに四半世紀を経過し、長期品切れ本が増加し、読書界の要望にそい得ない状態にもなったので、この際既刊本の体裁を一新して再編成し、定期的に配本できるような方策をとることにした。既刊本は一八四冊であるが、まだ未刊である重要人物の伝記についても鋭意刊行を進める方針であり、その体裁も新形式をとることとした。

こうして刊行当初の精神に思いを致し、人物叢書を蘇らせようとするのが、今回の企図である。大方のご支援を得ることができれば幸せである。

昭和六十年五月

日本歴史学会

代表者　坂本太郎

〈オンデマンド版〉
藤原惺窩

人物叢書　新装版

2020年（令和2）11月1日　発行

著　者　太田青丘（おおた せいきゅう）
編集者　日本歴史学会
代表者　藤田　覚
発行者　吉川道郎
発行所　株式会社　吉川弘文館
〒113-0033　東京都文京区本郷7丁目2番8号
TEL　03-3813-9151〈代表〉
URL　http://www.yoshikawa-k.co.jp/

印刷・製本　大日本印刷株式会社

太田　青丘（1909～1996）

ISBN978-4-642-75041-7